刘甜风

极简创业法

用更少时间赚更多钱

刘甜风 著

電子工業出版社
Publishing House of Electronics Industry
北京 · BEIJING

图书在版编目（CIP）数据

极简创业法 : 用更少时间赚更多钱 / 刘甜风著 . 北京 : 电子工业出版社, 2025. 7. -- ISBN 978-7-121-50042-8

Ⅰ. F241.4

中国国家版本馆 CIP 数据核字第 20258PK330 号

责任编辑：杨雅琳
印　　刷：涿州市京南印刷厂
装　　订：涿州市京南印刷厂
出版发行：电子工业出版社
　　　　　北京市海淀区万寿路 173 信箱　邮编：100036
开　　本：880×1230　1/32　印张：8.25　字数：165 千字
版　　次：2025 年 7 月第 1 版
印　　次：2025 年 7 月第 1 次印刷
定　　价：78.00 元

凡所购买电子工业出版社图书有缺损问题，请向购买书店调换。若书店售缺，请与本社发行部联系，联系及邮购电话：（010）88254888，88258888。

质量投诉请发邮件至 zlts@phei.com.cn，盗版侵权举报请发邮件至 dbqq@phei.com.cn。

本书咨询联系方式：（010）88254210，influence@phei.com.cn，微信号：yingxianglibook。

序言

人人都需要“极简创业法”

做个人品牌创业3年，我投入了超过3000小时给学员做1v1深度咨询，并在过去一年多时间里深度陪跑了100多位学员。

这个过程中，我看到了无数创业者的奋斗与挣扎，他们付出了巨大的努力，却往往收获甚微；他们投入重金参加各种课程，却鲜有实质性的成果。

问题出在哪里？我发现，很多时候，人们在缺乏一套明确的价值标准时，很容易受到五花八门的课程和理念的影响。

今天听说小红书很火，他们就去做小红书；明天听说直播是趋势，又转战直播；后天又听说短视频是不可错过的机会，于是再次调整。他们四处上课，日程满满，却鲜有成效。

2023年，我读了金惟纯先生的《人生只有一件事》，这一件事就是“活好”。我发现，创业也是一样的，我们只需要聚焦搞定这两件事：一是打造一款尖刀产品；二是把它卖出去。

如此，就能实现极简创业，这就是我提炼出的“极简创业法”，聚焦这2招，用更少的时间，拿更好的结果。

如果你代理某一款产品，那你就只需专注于做好成交这一件事。很多主播专注于成交，通过带货在创业上取得了巨大成功。

通过与上千位创业者的深度交流，我发现所有在创业上取得巨大成就的人，都有一段长时间专注于某一件至关重要的事情的经历。

我们要将80%的精力集中于解决20%最关键的问题，那么其他80%的琐碎问题将不再是问题。

小红书、抖音、视频号只是销售产品的不同渠道，选择现阶段对你来说投入成本最低、产出最快的路径即可。

我们周围有许多朋友仅通过私域生态圈就实现了年收入数百万元甚至上千万元的目标。我并不是建议大家放弃公域，只是告诉大家要先跑通一个正确的商业闭环：打造一款产品，把它卖出去。

当你通过这个闭环获得第一桶金，并建立了私域的成交体系后，就可以考虑通过公域来扩大规模了。

了解在什么阶段做什么事，并能够按照自己的节奏，一步步落地实施，是创业者极为重要的素质。

因此，我提出了“极简创业法”这个概念，创业初期就是在极致打磨这制胜两招：打造一款尖刀产品；把它卖出去。

创业者应该把自己的注意力聚焦在这两件最重要的事上。

“极简创业法”及我的初衷

曾经的我，深知自己出身普通、资质普通，必须全力以赴才有机会过上自己想要的生活，于是我的每一天都过得像“高三”，也无暇顾及家人和孩子：大女儿在作文里写道“妈妈工作特别忙，根本没时间陪我”；3岁的小宝总是因为在托管班最后一个被接走，委屈地直哭……

作为妈妈的我，内心无比自责。

我自己也因为长时间的伏案工作、学习，犯了颈椎病，脖子经常好几天动弹不得；一天早上起来，我突然觉得肚子很痛，痛到浑身出冷汗，上吐下泻，之后差点晕倒，我被送进了医院。

我在这种状态下不断学习、尝试、探索，直到2023年年初，我升级了我的商业模式，用了更少的时间，赚到了更多的钱，后来我称它为“极简创业法”。

一年多之后的今天，我的创业已经上了不止一个台阶。从劳心劳力、又忙又不赚钱的状态，到如今“高效商业，人生松弛”的阶段，我创业的真实经历，以及陪跑了100多位创业者取得的成果，充分说明“极简创业法”的可行性。

因为淋过雨，也希望有机会为你撑一把伞。让我下定决心推广这个商业模式，源于我个人在2023年遭遇的一场人生风暴。

2023年3月，我与我的丈夫李先生一同面对了生命中的一次严峻考验。一次体检中，他被诊断出甲状腺癌。癌症——这个我们从未想过会与我们有任何关联的字眼，突然间闯入了我们的生活。

这些年，我们俩一边抚育两个孩子，一边在南京工作、创业。面对李先生即将到来的手术，我必须一个人面对：不敢让远方的父母知晓，因为生怕他们担忧。

手术前，医生让我签署了一堆文件，上面列满了可能出现的风险。那一刻，我感到头皮发麻，闭上眼，沉重地签下了自己的名字。签字后，我独自打车回家，心中充满了恐惧和无助，终于在车中崩溃，泪水模糊了视线：会不会有意外发生？为何我要独自面对这一切？谁能给我支持？我真的很害怕。

然而，命运眷顾了我们，李先生的手术非常顺利——虽然未来需要长期服药，此外，医生还嘱咐了要“保持好心情，多休息”。出院后，我们立刻为全家预定了五一假期去横店的旅行，并商定未来要一起去更多的地方，因为生活充满了不确定性，我们不知道明天和意外哪个会先来。

这次经历让我深刻意识到，我不能再以牺牲家庭幸福为代价“努力”了。

创业的终极目标，不是靠牺牲自己和家人的健康及幸福带来的世俗成功，而是花最少的时间产出更高价值的商业结果，即有钱有闲。

“极简创业法”，正是解决这个问题的核心。

聚焦关键问题，用更少的时间，拿更好的结果。

但是，很多人却从未认真做过这样的商业思考。例如，曾有一个学员来找我做咨询，她跟我说，她买了很多课程，加入了很多私董会，每天花大量时间听课、学习，也感觉自己很有收获。我问她为什么还来找我做这个咨询，她说：“我目前还没有变现，想看看我接下来怎么才能变现。”

在交流过程中，我了解到她目前还没有一款自己觉得特别满意的产品，因为还没有想清楚自己的商业模式。

我告诉她，如果没有一款满意的产品，你要做的，就是去打造一款满意的产品，而不是去上各种各样的课程、参加各种各样的圈子。

很多人都会陷入“感觉很有收获”的错觉中，也会陷入“觉得自己很努力”的自我感动中，这就是努力却拿不到结果的根源，也是因为这样，很多人都成为“很努力的穷人”。

请放弃自我感动式的努力，聚焦问题本身。

模式有问题，就去调模式。

产品有问题，就去磨产品。

成交有问题，就去搞成交。

只有面对问题，才能解决问题。

我们只需要聚焦目标，解决20%的核心问题，剩下80%的问题都可以被迎刃而解。

每个阶段的核心目标不同，对于一个初创业者，核心目标就只有两件事：一是打造一款尖刀产品；二是把它卖出去。其他的，都可以暂且放下。

这就是你必须知道的极简创业法。每次看到无数创业者和我一样曾经又忙又不赚钱，我就痛心疾首。为什么我们要痛苦、焦虑、低效地创业，而不是幸福而又高效地创业呢？

陪跑侧重交付，所以目前C栈每年能陪跑的学员只有几百位，但写一本书却能触达十万、百万读者，这就是我写作此书的初心，帮助百万读者和我一样，过上极简创业的生活，用更少的时间赚更多的钱，剩下的时间用来陪伴家人、滋养自己，活出想要的人生。

这本书讲什么，能给你带来什么？

本书不仅仅是一本普通的商业书籍，更是一次对自己的人生进行深度思考的生命大课，或许，你也会跟我一样，在这里被唤醒、被打开、被迭代。

本书分为上篇和下篇，上篇主要讲如何打造一款尖刀产品（第1招），下篇主要讲如何把产品卖出去（第2招），全书环环相扣。

打造一款尖刀产品分为2个阶段：

第一个阶段：准备期——想透（第1～3章）

任何创业都是“蓄谋已久”的准备，理解创业背景是关键，因此我们需要结合自己的定位和知识体系做足长期和近期的准备。

第二个阶段：打造期——做绝（第4章）

在这个阶段，我们会贴心地带你理解不同产品的属性，并把如何交付的参考答案也提供给你。

如何把产品卖出去分成了3个阶段：

第一个阶段：卖出去（第5章）

很多创业者会有卖产品的卡点，成交力薄弱，本章会给你提供心法和技法。

第二个阶段：卖得更好（第6~7章）

要卖得更好，会涉及微信好友引流动作，扩大潜在基础用户数量，以及引爆自己的品牌传播，抢夺用户心智。

第三个阶段：持续卖（第8章）

在这一章，我们会回归创业者的稳定内核，提升内在心力，我会结合自己深度践行的日课告诉大家如何修炼心力。

本书中有大量的案例，来自我自己以及我陪跑的学员，对于重点概念，我们也贴心地放了知识模块图，“本章精华”方便读者更好地理解书中的概念。

至于如何读它，每个人有不同的方式。作为作者，我会建议“主动式阅读”：先快速浏览一遍目录，带着问题去读对应的章节，如果你当下没有明确的问题，那么就从头开始读，把它当作极简创业启蒙书来读。

读完此书，我相信你会收获到极简创业的“修炼秘籍”，里面的制胜招数会给你目前在做的事业带来一丝启发和参考，这将会成为我最大的喜悦来源。

在我看来，书是一个超级连接器，一端是我，一端是素未谋面的你。借由书中的文字和思想，我们彼此相识，彼此同频，彼此联结。

如果你也渴望过上轻松、高效创业的生活，花更少时间赚更多钱，我邀请你翻开此书，很开心遇到你，我是甜风，让我陪你一起踏上这段极简创业之旅。

| 推荐序一 |

从复杂到简单的创业之道

我很高兴看到刘甜风女士的新作《极简创业法》。这本书不仅延续了她在实践家教育集团期间卓越的服务精神，更展现了她从过去经验中凝练出来的智慧，为当前的创业者提供了一条高效而清晰的道路。

在甜风过去担任实践家教育集团南京分公司总经理期间，她服务了无数企业家，创造了良好的口碑与显著的绩效。她敏锐的洞察力与坚实的专业能力，令她能迅速掌握市场趋势与客户需求，为企业家们提供实际且有效的解决方案。如今，她将这些实践经验整合，提出了“极简创业”的理念，令人耳目一新。

创业的本质：从复杂回归简单

今天的创业环境充满了各种诱惑与挑战。创业者往往会迷失在众多新潮的工具、理论与课程中，试图追求全面的成功，却忽略了创业的核心——打造一款能解决真实问题的产品，并有效地将其销售出去。甜风用自己的经历告诉我们，创业其实只需要两件事：一是打造一款尖刀产品；二是把它卖出去。

这种回归本质的创业模式，不仅省时、高效，还能帮助创业者专注于真正重要的事情，避免陷入“忙而无效”的陷阱。

用真实经验，为创业者点亮方向

《极简创业法》不是一本局限于理论的书，它基于甜风的真实创业经历与陪跑学员的实践成果，将创业的每个关键阶段拆解得清晰明了。从产品的打造到市场的拓展，再到稳定的内核建设，书中每个环节都蕴含着作者的深刻思考与实践智慧。

更重要的是，甜风分享的不仅是成功的策略，还有她在面对人生与创业挑战时的坚韧精神。从工作压力到家庭挑战，从健康危机到事业突破，这些真实故事让我们看见了一个创业者如何在风雨中找到属于自己的方向，也让“极简创业”成为一种能带来幸福与平衡的选择。

启发更多创业者的思考与行动

每位创业者的起点与目标都各不相同，但《极简创业法》提供了一个适用于不同情境的高效框架。无论你是传统企业的老板，还是新时代的知识IP创业者，这本书都能帮助你重新思考自己的目标与资源分配，找到通往成功的最佳路径。

真诚推荐

作为实践家教育集团的董事长，我很欣慰地看到甜风在创业之路上的持续突破与创新。我深信，这本书将会帮助更多的创业者突破瓶颈，实现高效的创业目标，甚至改变他们对于创业与生活的思考方式。

让我们翻开这本书，与甜风一起探索极简创业的可能性，并期待这份智慧能为每一位读者带来启发与改变。

林伟贤

实践家教育集团董事长

2025年1月

推荐序二

甜风要出书了，这事我一点也不意外。

甜风从大学毕业后就在实践家教育集团工作，在培训市场红火的年代，她为实践家教育集团立下很多战功，多次获得百万业绩的殊荣，在公司数百人表彰大会上，我们亦曾邀请她的父母亲前来，一起分享这份努力的成果！

是的，甜风是个做事以目标为导向的人，从基层做起，日日月月地厚植自己的实力，在多年的奋斗下，成为我们南京分公司的总经理，我们也看着她恋爱、结婚、成为两个孩子的母亲，因为公司的业务，有时常常需要加班出差，造成甜风比较没有时间陪伴家人，想想就觉得有些过意不去！

在离开实践家教育集团后，甜风选择创业，我相信林伟贤董事长一定给了甜风很好的创业者示范，林老师的商业模式、销售技巧更是她创业的武功心法，“Money&You”课程更是她在待人处事上的一个心灵宝典。我相信人生每一步走过的路，每一个因缘，其实都是一颗种子，会在未来的某一个地方，吹着甜甜的风，开出灿灿的花朵！

甜风不仅努力，更是上进，在工作繁重之余，还利用时间去浙江大学进修，拿到了金融学的硕士学位，这些特质会让她比别人有更高维度的认知，有更有力的圈子，有理论与实战的相辅相成，加上这几年努力地经营自媒体，我看到的甜风已经不是那个众多人群中的小姑娘，而是有着多边战力的创业操盘手，是个有远大宏图的女企业家！

此刻甜风请我为其新书《极简创业法》写序，我倍感荣幸，我自己出版过30多本书，深知写书其实是一种对人生的回顾与整理，也是一种在领悟后思想上再一次的淬炼，我相信甜风在写完后一定会在思想上更上层楼，大家也能从她的书中认识她、了解她，并且为创业上的疑难问题找到答案！

《极简创业法》这个书名有着宋代美学的韵味，从繁中就简，并且用平衡与留白让人生有了自由和余味，此刻你可以泡一壶茶，点上线香，在创业的路上，请相信甜风正与你同行！

郭腾尹

实践家教育集团副董事长

2025年1月

推荐语

《极简创业法》以清晰的脉络、实战的策略和深刻的洞察力，为创业者们提供了一盏指路明灯。甜风以其独特的、温暖且真诚的笔触，将复杂的创业过程简化为易于理解和执行的步骤。相信每一个阅读过它的读者都会慨叹：这不仅是一本好书，更是一份能够落地、实操性强的行动指南，值得每位创业者细品！

——水青衣　内容创业者、

《引爆IP红利》等5本书作者

在当今社会环境下，创业不再盲目追求做大做全，而是要做深做垂。把精力聚焦在核心产品上，放大优势，实现高人效、高利润，将是未来创业的重要趋势之一。这本书给所有初创者提供了一套解决方案，如何通过打造一款尖刀产品，并把它卖出去，用更少的时间赚更多的钱，从而实现高效创业，值得初创者一读。

——肖逸群　星辰教育创始人兼CEO、

恒星联盟发起人

《极简创业法》这本书除了教你在线上打造个人品牌，特别值得一提的是最后一章提到的要成为“内核稳健”的魅力IP。这不仅仅是一本技法书，更是一本帮助个人品牌打造者提升心力的修心之书，让你在创业的路上更加从容。推荐甜风老师的这本书给每一位想要让自己变得不凡的朋友！

——刘sir 《定位高手》作者、书香学舍主理人

甜风老师的新书《极简创业法》能帮助想要创业的个人以低风险的方式找到持续增长的业务模式，尤其适合渴望做个人品牌的专业人士。作者从模式、产品、转化、运营等多个模块的关键出发，采用极简的方法讲清楚如何操作，同时结合自身经验和服务的案例，帮助读者实现财富增值的小目标。

——陈欢　单干咨询创始人、《单干》作者

甜风老师两次找到我抒写人生故事，我无比荣幸。首先，她是一个极致利他的朋友，其次，从专业度来讲她可谓行业内的翘楚！我用了一小时快速读完这本书，它快、准、狠地剖析了创业者面临的各种问题，大篇幅讲述经典三板斧：怎么卖、怎么卖更好、怎么持续卖的深度思考，

给每个想破局的创业者点燃希望灯塔！

——韩老白 《高能文案》等
6本书作者、文案培训师

对于创业者来说，“如何用最少的时间、最低的成本，拿到最大的商业结果”是最大的课题。甜风用一套“极简创业”理论，很好地回答了这个问题，她不仅自己深度实战，还陪跑带教出很多创业者真正实现了极简创业，这本书里的拆解非常系统，值得好好阅读。

——李菁 畅销书作家、女性个人品牌商业顾问

《极简创业法》是一本为创业者量身打造的实战指南，甜风老师以独到的见解和丰富的实战经验，帮助大家用最简单、高效的方法走上创业之路。书中不仅有做产品、卖产品的实用策略，还有激励人心的故事，适合正在创业或计划创业的朋友阅读。强烈推荐！

——张家瑞 畅销书《逻辑说服力》作者、
瑞言能量学苑创始人

甜风是我认识为数不多的知道“止”的女生，她不光知道自己要什么、不要什么，更是花费大量的时间，给她

的学员教会“止”，内核就是暂时“只做一个爆品”，在此之前与之无关的都要“止”。IP做不成、做不大的关键就是贪多且一个单品打不爆就换阵地，跟甜风学出来的IP，不容小觑。

——筝小钱　20万读书写作学员导师、爆款书作者

甜风老师总结了极简创业的模型，让个体创业者专注做好两件事，就能实现创业的闭环。这本书系统讲解了极简创业的方法，实操性强，案例丰富，相信可以助力你的个体创业。如果你想开启自己的创业之旅，那么我推荐你阅读这本书。

——弘丹　当当影响力作家、弘丹写作品牌创始人、《AI写作宝典》等书作者

创业如修行，左手执道，右手握术，这是为踏上轻创业之旅的人量身定做的案头书，甜风的这本书一定会为你的内在心力注入力量，锚定内核稳定，助你松弛破局，从容登顶。

——李忠秋　畅销书《结构思考力》作者

个人品牌是每个普通人都能抓住的为数不多的红利机会，关于如何借助个人品牌实现理想人生，这本书会告诉你一个极简的答案。读完此书后，我非常佩服甜风老师的智慧和判断力，我愿将其推荐给每个想要实现轻创业的读者，希望它能帮你避开弯路，高效实现目标。

——廖恒　百万畅销书《极简学习法》作者

这些年极简创业、小而美、一人公司等概念非常流行，不少人都被这些概念吸引，而甜风是这些概念的践行者和创造者，如果你也想成为自己人生的掌舵者，这本书具备很好的参考价值，用好这本书，成为自己这家公司的CEO。

——Angie安姐　IP创业导师、
热销50万册的畅销书《副业赚钱》作者

我认识甜风老师10多年了，她给我的印象就是努力、认真地工作和生活……给了我深刻的启发。这本书通读下来，在这个波诡云谲的商业环境中，创业者面临的挑战是巨大的，尤其是新手，如何把有限的资源聚焦并获得成功？甜风老师通过多年的案例研究，科学归因直击本质，提出极简创业一剑封喉：第一，打造一款尖刀产品；第二，把它卖出去。看完此书后，非常佩服甜风老师的智慧和判断力，真心推荐给每个想要实现轻创业的读者，帮你少走弯路，快速实现目标。

——郭斌　泰合玺健康科技有限公司董事长

你还在创业路上迷茫奔波吗？《极简创业法》可以为你指明方向。甜风老师基于自身经验与大量咨询案例，提出极简创业理念，聚焦打造尖刀产品与卖出去两件事。这本书浓缩了甜风老师做商业教育15年的心得，详细拆解创业各阶段要点，包含丰富案例与实用模块图。无论传统企业转型、专业人士创业，还是IP突破瓶颈，都能从中获得启发，实现高效创业，平衡生活与事业，读《极简创业法》开启极简创业之旅。

——李恩临　哈工大管理学博士后、
中国人民大学特聘教授、
科创板上市公司首席战略顾问、战略创新专家

在这本《极简创业法》中，作者不仅分享了如何在线打造个人品牌，还探讨了如何培养自己“内核稳健”的魅力人格。这本书不仅可以帮助读者提升专业能力，更能提升心力，值得创业者研读学习。

——Scalers　畅销书作家、《学习的学问》作者

我认识的甜风很特别，我从认识她的人，到了解她所做的事业，毫不意外她会写出这样一本书。在绝大多数人眼中，创业从来都不是一件简单的事情，到了甜风这里，她可以带着一群人，用极简的方式，抛去各种烦琐的准备步骤，先做起来，再一点点完善。本书是每一个普通人都能复制的创业宝典，每一步都清晰可查，每一点都简单实用。本书是处于创业初期、中期的创业者必读的实用工具，值得每一位创业者至少读三遍！

——秦小鱼　自然美形象创始人、
徒手抗衰标杆制定者

什么才是创业成功的关键？创业的最小单元是什么？为什么“高客单、重交付、定制化”的路线更加适合当下的个体 IP 线上创业？如何通过3个问题化繁为简，高效率地构建出自己的商业模式？……

这些问题的答案都在甜风老师的新书《极简创业法》里，书中有大量实践案例的佐证和配合说明。同时，甜风老师还在书中分享了她个人创业的经历，以及如何保持自我精进的方法论和实践经验，很真诚，也很实用。

《极简创业法》这本书非常适合正在创业路上拼搏或者正准备踏上创业征途的朋友们，不论你是在为“方向的选择”而迷茫犹豫，还是在为“回报不及预期”而困惑彷徨，我相信阅读这本书后，一定会带给你超预期的惊喜！

——郝波　宠物产业新创投研习院发起人、
apa亚宠联合会副会长、
视频号“郝波宠业频道”主理人

《极简创业法》是一本专为创业者量身打造的实用指南。作者凭借丰富咨询与陪跑经验，提出“极简创业”理念，即专注打造尖刀产品与成功售卖。

书中从产品打造的准备到产品售卖的卖出去、卖更好、持续卖，细致讲解各阶段，案例丰富，还有知识模块图与精华提要辅助理解。

如果你是传统企业转型者、专业人士或IP创业者，正处于创业又忙又收益微薄的困境中，那么本书将为你指明方向，带来极简商业启发，开启高效创业新旅程。

——游侠　独立投资人

做一人公司就是可以两步走：想透，做绝。

这本对每一个想要从零起步做自己小事业的人来说，都是一本随身指南。

——彭小六 《洋葱阅读法》作者

有一种老师，你越靠近她，就越喜欢她！甜风老师就是这样的人。靠近甜风老师后，我越来越自信，越来越有配得感，越来越敢于卖高价！她让我实现了从不敢卖高价，到现在客单价2万元，不发售月入也轻松超10万元。这让我越来越笃定，极简创业，极度聚焦，可以让我们过上自己想要的生活！

——春天　营销文案导师、
前樊登读书高级文案经理、
私域营销文案变现超过百万元

真传一句话，假传万字书。甜风老师的极简创业方法论，让从没有过商业经验的我迅速明白了赚钱的闭环节点！

在短短2个月里，C栈带着我把目标拆解成关键动作并落地行动，让我拿到了客单价翻6倍，副业营收超30万元的结果。这本书，一定能帮到想要轻松创业的你。

——非非　私域创富教练

甜风是我的浙大同学，她是一位销冠，也是一位优秀的管理者，还是以行践言的创业者。她在商业领域的认知多元化和在创业领域的实操化都是一样的优秀，这些智慧现在已经浓缩成了你手中的文字，打开它，实践它，与优秀并行，走出你自己的极简创业路。

——张保强　企业咨询顾问、前华为流程变革专家

甜风老师出身于正统的商业教育机构，积累了厚实的理念和实战功底，面对疫情，她重新创业，并将自己的经验整理成册，对于想要尝试创业的人们来说，无论个人品牌打造、轻创业实践、商业模式优化，还是变现方式，都有相关的经验借鉴。

——易仁永澄　幸福进化俱乐部创始人

一口气读完这本书，我的内心欢喜且雀跃。甜风老师的极简创业模型和思维，已经深深印刻在我的脑海里，逐渐显化在我的行动里。作为甜风老师的陪跑学员，我的单月业绩突破6万元，聚焦做高客单产品，更有信心带着妈妈们赚钱，得益于这里的极简思维和方法，例如，产品思维告别全家桶模式，聚焦解决用户问题，聚焦高价产品，不过分期待低转高的长路线。拥有这本书，进行认知升维并好好实践，你的个体创业之路定能一路生花。

——少丽　育儿创富导师、
超级妈妈个体商业顾问、
情绪陪伴师认证班导师

作为《极简创业》体系的受益者，非常荣幸能作为推荐人给大家分享这本书的绝妙之处。

这是一套非常适合创业者的极简体系，可以帮助我们在极短的时间内拿到结果。曾经我就是在短短3个月时间内，在这套极简创业体系的帮助之下，从一个0基础的小白创业者，到有了自己完整的商业模式，敢卖高客单价产品。我也从一个全职5年的0收入宝妈，实现创业第一年就突破50万元年收入。

在书中，甜风老师把她15年服务企业家与创业者的经验都总结了出来，还融入了她自己拿结果、带学员拿结果的每一个方法和步骤。

最重要的是，你在这本书里看不到大量冗杂方法论的堆积，它用一种极其精简的方式讲透了底层逻辑。

它的绝妙之处是以结果为目标，会带你从头到尾践行一条最简单的创业成长路径，并且这条路径是可复制的。

从商业模式到产品，到流量，再到成交，甚至一个创业者必备的修心修商业的极简秘籍，都包含在内了。

可谓一书在手，创业不愁！

——王春天 “1人小而美轻创业”商业顾问、春天创造营主理人、深耕互联网行业15年甜风老师是妥妥的实战派，她年度陪跑产品客单价5位数，没有前端引流产品，但是可以年营收几百万元。如果你也特别好奇她是怎么做到的，我相信她的新书——《极简创业法》，一定会给你答案。新个体时代来临，乘着东风，愿大家都能用上这套极简创业模型，打造一款好产品，把它卖出去，过有钱有闲的富足人生。

——字美美　字美美练字学堂创始人

创业如登山，不是负重越多越好，而是要轻装上阵。《极简创业法》是一本充满智慧的创业指南。创业的本质在于专注与简化，剔除繁杂，方能看清本质。作者以哲人的深度、底层的思考和傲人的佳绩，引领我们在创业的道路上，追求极简之美，找到成功的真谛。本书值得读者一读再读，从而悟出人生与创业的大智慧。

——王勇　《城品人物》创始人

甜风老师是一个把一件事做到极致的人。

15年咨询公司的经历，让她有非常扎实的商业战略功底。

辞职创业成立C栈以后，我见证了她扎扎实实地用商业咨询能力，帮助很多创业者打造了极简创业的闭环。

如果你也在创业路上，自己的定位不清晰或者有瓶颈，这本书非常值得阅读。

——邓思媛　沙龙经济发起人

甜风老师这本书，兼具扎实和极简，说它扎实是因为涵盖线上轻创业所需要的关键策略和招数，说它极简是因为甜风老师力求用凝练、接地气的语言讲透商业逻辑，还配上了有借鉴意义的众多案例。

如果你想通过极简创业，过上有钱有闲有爱的人生，这本书是你的不二之选。

——徐小仙　“90后”出书陪跑教练、

前世界500强企业高级经理

目录

第 1 招　打造一款尖刀产品

第 1 章
定战略：带着优势切趋势，成为风口上的“猪”

第2章
打地基：创业前的全面准备

第3章
建模型：创业高楼平地起，好模式决定了商业的高度

第2招 把产品卖出去

第5章 强转化：两种方式，快速成交业绩稳

第6章
做运营：掌握4个环节，实现高效快速涨粉

第7章
善传播：3步点亮品牌记忆

第1招

打造一款尖刀产品

第 1 章

定战略：

带着优势切趋势，成为风口上的“猪”

如果说人生如同“个人公司”，那么，经营人生就犹如经营公司。制定人生战略跟定企业战略一样重要。定战略的第一步是分析局势，做出判断并给出行动决策。

在开启创业战略前，我先和大家聊聊我的“个人公司战略”。

我23岁步入职场，今年38岁，从月薪1000元到年营收几百万元，做自己热爱且擅长的事，实现了物质富足、精神富有。回顾自己的人生，发现背后蕴藏着4次正确的战略选择，我也因此享受到了4份人生红利。

关系红利

我的第一份人生红利是关系红利。我和李先生是初恋，从校服到婚纱，从17岁到今天，已经走过了21个春秋。我们经历了8年的爱情长跑之后，步入了婚姻的殿堂。如今，我们有两个可爱的孩子，一个充满欢声笑语的家庭。这是我心中最真切的幸福模样。

自从我开始创业，李先生便成了我坚强的后盾。他默默承担起所有家务，关心孩子的学业，我们的感情非常好，很少有争执，即便偶尔闹个别扭，他也总是包容我。

周末，我们全家会抽出半天时间，驾车出游，度过一个美好的“家庭日”。每当小长假来临，李先生都会精心规划短途旅行。他会安排好一切，我只需要放松心情，随他一同启程。

在个人情感与家庭生活中，我几乎没有内耗，可以将全部精力投入自我成长和事业中。

“精力是生命的灯油，你将它点燃在哪里，光芒就照耀在哪里。”如果我们将精力过多地耗费在家庭琐事上，事业发展自然会受限。相反，如果我们能够集中精力发展自我，事业一定会蒸蒸日上。

因此，我们每个人都应珍惜并保护好自己的精力。这不仅是对个人负责，也是对家庭和事业最好的投资。

行业红利

我的第二份人生红利，是加入了一个充满成长机遇的行业，奠定了创业底色。我非常幸运，大学毕业后便加入了一家商业教育机构。这是一家专注于商业模式的管理咨询公司。在这里，我坚守了12年，从一线销售岗位起步，逐步成长为总经理，并在这个岗位深耕了6年。

在这个过程中，我认识了很多优秀的企业家和创业者，销售技巧及文案撰写、策划运营、团队管理等能力得到了全面锻炼和提升。12年的行业积累，为我的创业之路打下了坚实的基础。

更重要的是，我身处一个学习氛围浓厚的圈子，周围的人既优秀又好学。在这样的环境中耳濡目染，我也养成了持续学习的习惯，不仅提升了能力，也提升了对幸福的感知能力，懂得了如何平衡事业与家庭。

因此，我坚信，持续学习是通往个人成长和幸福的关键。它让我在不断变化的世界中始终保持竞争力，同时也为我的创业之路增添了一抹幸福的底色。

房产红利

我的第三份人生红利，来自房产增值带来的扎根于大城市的自信与底气。我要感谢我的父亲。大学毕业后，我选择留在南京，父亲则希望我回老家，过安稳的生活。

然而，我内心有一股不服输的倔强：既然上了大学，就应该在大城市闯一闯。我不愿意就这样回到小地方，渴望在大城市留下自己的足迹。我始终坚信，“灵魂有火”的姑娘能够在大城市大放异彩。

于是，我与父亲立下了赌约：“3年之内，在南京买房，否则就回老家。”这个赌约成为我奋斗的动力。我每天早出晚归，不知疲倦地工作。2013年1月，我凭借自己的努力，在南京买了一套两居室的房子。到了2018年，这套房子的价值已经翻了3倍。

这一年，我的第二个孩子出生了。我意识到，我们需要一个更宽敞的居住环境，尤其是一个优质的学区房。于是，我们卖掉了那套小房子，买下了现在这套四居室学区房。这套房子空间宽敞，且楼层高，朝南的两个房间还能看到美丽的湖景。我们一家四口拥有了理想的居住和教育环境。

创业之后，我在家附近租下了办公室，每天步行穿过湖边公园去上班，这段路程成为一天中最为疗愈的时刻。

2023年，随着团队逐渐壮大，我更换了更宽敞的办公室。大部分团队成员都住得不远，或骑车，或步行，上班的幸福感也因此提高了很多。

个人品牌红利

我的第四份重要人生红利是，通过打造个人品牌，开启低成本线上创业。在之前那场突如其来的疫情中，我把握住了转机，迎来了人生的重大转型。

在一家公司坚守12年，足以证明我的忠诚与“长情”。但是，这也反映出我一直在舒适区中，不愿轻易改变。疫情导致线下活动停滞，我陷入了焦虑。在那段无法出门的日子里，我开始深入研究线上创业的模式。

这一研究，不仅启动了命运的新齿轮，还改变了我的后半生。我一直认为，创业的基本流程是：积累第一桶金，找到好项目，租办公室，招聘员工，然后开始创业。

然而，在探索线上创业和打造个人品牌的过程中，我对创业的认知被彻底颠覆了。我发现了一种全新的创业流程：**将自己产品化，通过自媒体平台积累流量和影响力。**尝试将产品推向市场，如果有人愿意购买，证明产品符合市场需求。不断增加流量，迭代产品，将更好的产品推向市场。这种模式的优势是，**即便没有庞大的初始投入，也能成功跑通最小商业闭环，形成良性的创业循环。**

这就是我关于战略选择的故事。每一个选择，看似随意，但都是深思熟虑的结果。每一个决策，都是对未来的一次投资。**在正确的战略框架下努力，我们才能真正实现人生跃迁。**

在人生的棋盘上，每一次正确的选择，都会打开新的可能性，铺设通往成功的阶梯。

亲爱的读者们，要想下好“人生”这盘棋，不仅要在行动上努力，更要在战略上深思熟虑。

精准分析：捕捉市场脉搏

我们常说，选择大于努力。选择不同，结果也会截然不同，那么如何做正确的选择?

梁宁老师在《产品思维30讲》中讲过一个故事：一对双胞胎，2010年大学毕业后，分别选择了不同的行业。6年后，一个已经年入百万元，很多猎头都在挖他，只要他想创业，就有投资人给他钱；另一个因为所选行业走下坡路，可能一切都需要重来。

因此，**无论在人生路上还是在创业路上，我们都要学会分析宏观环境以及市场趋势，从中找到符合趋势并且自己可以落地的事。**

如果你跟我一样，出身普通，没有创业启动资金，没有强大的资源后台，但又想创业，我建议你一定要打造个人品牌，先尝试个体轻创业（简称“个体轻创业”）。

PEST模型：捕捉宏观环境，顺势而为

在分析一个创业项目是否值得做的过程中，我们通常会使用一个特别实用、落地的分析模型，即PEST模型，可以帮助我们全面洞察政治、经济、社会、技术4个关键因素。

下面，我们就用PEST模型来分析个体创业的宏观环境（见图1-1）。

图1-1　宏观环境

1. 政治因素（Political Factors）

法律环境：现代社会为个体轻创业提供了良好的法律支持和保护，如《中华人民共和国电子商务法》《中华人民共和国网络安全法》等法律法规的出台，为创业者提供了相应的法律依据。

政府支持：政府对创业和创新持积极的态度，并且出台了一系列的政策扶持个体创业者，如减税政策、创业补贴等，为个体创业提供了利好环境。

2. 经济因素（Economic Factors）

低门槛投入：相较于传统实体店创业，个体创业投入成本较低，无需大量的场地租金、人员工资等成本，降低了创业门槛，使更多人有机会创业。

市场需求：随着互联网的普及和人们对线上购物、在线服务需求的不断增加，个体创业有广阔的市场空间，创业者可以通过合理的定位和创新的产品满足不同消费者的需求。

3. 社会因素（Social Factors）

数字化生活：随着智能手机和互联网的普及，人们的生活方式发生了很大的变化，人们更倾向于在线购物、在线娱乐等线上活动。这为个体创业提供了广阔的消费者群体。

创新氛围：现代社会鼓励个体创业者通过创新来满足市场需求，这种氛围为个体创业提供了机遇。

4. 技术因素（Technological Factors）

互联网技术的发展：互联网技术的不断进步，为个体创业提供了有力支持，如电子支付、数据分析等工具的发展与应用，使得个体创业者能够高效地开展业务。

社交媒体和电商平台的兴起：社交媒体和电商平台为个体创业提供了多种渠道，创业者可以利用这些平台与潜在客户进行沟通和推广。

以上外部环境，对于个体来说都是非常有利的条件。

例如，我是两个孩子的妈妈，要照顾孩子，但这并不影响我做直播、做咨询。一部手机、一台电脑，在家就能创业。

无论政治、经济方面，还是社会、技术方面，都给我们提供了非常好的创业环境，可以更好地助力我们启动个体轻创业，这就是在“求之于势，不责于人”。

个体轻创业：三大理由让你不会错失良机

分析完宏观环境，我们再从微观视角分析为什么要在此时进行个体轻创业。从人生自由度而言，抓住红利，可以有更大的选择权；从线上营销的可行性而言，可以让产品卖得更好；从传播属性而言，从物传播到人传播的个体创业思维，是传统企业或个人转型升级的需要（见图 1-2）。

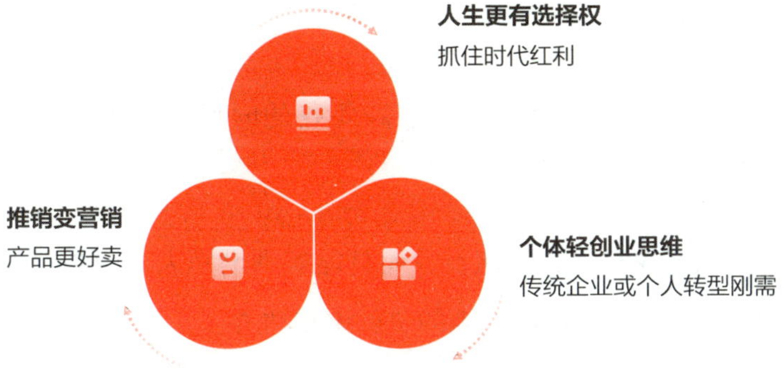

图 1-2　微观视角

1. 抓住红利，让人生更有选择权

经典心理学书籍《活出生命的意义》提道：**“人类最终极的自由，就是选择的自由。长大后，我们都有自主选择的权利。”**

我们能够选择自己的工作地点，能够选择自己的工作时间，能够选择自己的爱人，能够选择自己住在哪里，跟谁生活在一起……选择权，是人生幸福的源泉。个体轻创业，是让自己拥有更大选择权的路径之一。

形式自由

我想要一份什么样的事业？我曾在2020年深度思考过这个问题：

（1）地点自由，当孩子需要我的时候，我可以随时出现。

（2）我喜欢，我擅长，而且能够帮助别人，因为帮助别人会让我拥有源源不断的成就感和动力。

（3）收入更高，可以让我实现财富相对自由。

个体轻创业，一部手机、一台电脑就可以工作，可以让我们拥有更多的自由。我有一个梦想：在45岁时，可以去哈佛大学读书。我如果开一个线下门店，或者做传统的创业，可能就要面临关店还是交给别人来经营的选择。到了国外，我的事业就要重新开始。个体创业则完全不同，我可以在任何城市、国家做直播、做咨询、写文章、拍视频，只要不间断地输出，我的生意就不会间断。

能力综合

创业是一场人生的修行。当你开始创业的时候，就要为自己甚至为团队负责了：做什么产品？流量从哪里来？如何把产品卖出去？如何交付？如何提高客户的满意度？这些问题都是创业者需要思考的问题。起初，我们可能会焦虑，因为什么都不会，都尝试一遍，并不断地学习、请教，就会拥有一项又一项能力。

我最深刻的体验是，在刚开始创业时，我筹备一场直播，要做的事情很多。在做总经理时，我只需把课程准备好，招生、运营、转化等工作，都由成熟的团队完成。也就是说，**打工人的能力相对单一，创业者要培养自己的各项能力。**

趋势杠杆

与传统职场晋升的阶梯不同，自媒体为创业者开辟了全新的成功路径。正如纳瓦尔在《纳瓦尔宝典》中所言，

利用自媒体等现代杠杆手段，个人可以前所未有的方式放大自己的影响力和创造力，这为普通人提供了实现社会和经济地位提升的机会。

对于传统企业而言，进行线上转型已不再是新鲜事，而是企业发展的必由之路。企业家们可以借助互联网的力量，将自身的专业知识、创业故事、理念和价值观传播给更多的人，让潜在客户了解品牌和产品，进而让企业的价值得到更广泛的认可。

在个体轻创业思维下，每个行业都有重新定义和创新的空间。我们不再受限于传统的商业模式，可以借助自媒体的力量，以更低的成本、更高的效率，实现个人或企业价值的最大化。

风险极小

在管理咨询领域深耕15年，我与形形色色的创业者打过交道，研究了众多创业模式。在这些模式中，个体创业以低风险性脱颖而出。无需巨额资金即可启动业务，微信好友就是初始流量，一旦有人购买，商业闭环便已成型，之后只需不断优化和迭代。

即便经过数月甚至一年的努力，商业闭环都没有打通，也不会有实质性损失，还会收获宝贵经验。

综合来看，个体轻创业不受时间和空间的限制，相对自由。在这个过程中，我们不仅能够不断提升创业能力，还能享受到没有上限的收入潜力。最重要的是，这种创业方式风险极低，为我们的尝试和成长提供了坚实的保障。

案例解读：艳子的蜕变：从迷茫到自信的瑜伽之旅

艳子，一位来自四川小镇的学员，曾因过去十几年缺乏稳定的职业而感到迷茫。她就像一只“寻找翅膀的‘燕子’”，渴望找到方向。在初次咨询时，她还在犹豫是否应该离开小镇，去城里寻找工作机会。

我建议她不必离开家人，可以尝试个体轻创业。她说她没有什么优势，但我跟她聊完发现，她有过一年断断续续在瑜伽馆做瑜伽老师的经验。于是，我让她定位瑜伽导师，在线上教瑜伽。她不自信地问我：“老师，我觉得自己的瑜伽还不够专业，我可以收到学员吗？”

我说：“艳子，你给自己的瑜伽打几分？”

艳子："顶多60分吧！"

我："我从未学过瑜伽，你可以教我吗？"

艳子："当然可以啊！"

我："只要你有60分，就可以教30分的人。你的专业能力，也会在教学过程中不断提升。"

后来，在交流的过程中，她告诉我，她家在镇上有个闲置的门面房。于是，我建议她把这个闲置的门面房利用起来，做成瑜伽馆线上线下联动。艳子接受了我的建议，并开始行动。

筹备了两个多月，瑜伽馆开业非常成功，首日便吸引了30多位学员办卡，营收达到了4万多元。在接下来的半年时间里，艳子不断升级产品，客单价也从1000多元的年卡逐步升级为18800元的私教卡。半年时间，艳子赚了超过17万元的纯收入。艳子告诉我，她过去十几年的收入加起来都没有17万元。

更重要的是，她的人生状态发生了翻天覆地的变化，她变得非常自信。她的微信名也从"寻找翅膀的艳子"改为"艳子每日瑜伽"，新名字不仅代表了她的事业，更象征着她找回了自信，拥有了更好的人生状态。

我们之所以致力于打造个人品牌，开启轻创业之路，核心在于赋予自己的人生更大的选择权。在这个快速变化的时代，拥有选择权意味着拥有自主权，意味着我们可以根据自己的意愿和市场的需求，灵活地调整生活和职业的航向。

个体轻创业不仅是谋生的经济活动，更是自由的生活态度，在追求物质成功的同时，也能实现个人价值和精神满足；在面对生活挑战时，能够拥有更多的解决方案，拥有更多的可能。

2. 推销变营销，让产品更好卖

回顾30年前，市场的竞争尚未如此激烈，产品的质量足以保证销路，正所谓“酒香不怕巷子深”。然而，时至今日，市场上商品琳琅满目，即便是最优秀的产品，如果没有精准的营销策略，也难以在激烈的市场竞争中脱颖而出，“酒香也怕巷子深”成为新的现实。

20年前，明星代言是提升产品知名度的主要渠道，消费者通过电视广告中的明星面孔认识和了解产品。

如今，随着社交媒体的兴起，每个人都可以成为自己产品的代言人，董明珠、雷军等企业家就是其中的佼佼者。他们不仅经常出现在公众视野中，更是将个人魅力与企业品牌紧密相连。他们的个人形象和故事，成为产品最好的代言。

当企业家为自己的产品代言时，产品便不再只是功能性的物件，而是融合了创始人或代言IP的性格和情感。**这种以人为核心的品牌建设，让产品的故事性更强，也更容易与消费者产生情感共鸣，从而促进产品的传播和销售。**

虽然我们并非家喻户晓的大企业家，但我们同样可以通过建立专家形象，用专业知识和人文关怀为产品赋能。

案例解读：通过打造个人品牌实现业绩倍增

我的学员春玲姐，曾依赖传统的线下销售模式。随着市场的变化，尤其是疫情的冲击，线下销售的难度日益增加，护肤品销售愈发艰难。面对这一挑战，在我的辅导下，她勇敢地迈出了打造线上个人品牌的第一步。

她之前的视频号名为“新加坡护品李姐”，销售的护肤品以小分子、易吸收为特色。因此，我决定将她的个人品牌重新命名为“细胞护肤春玲姐”，不仅凸显了产品的独特卖点，也增添了一份亲切感。此外，春玲姐虽然已57岁，但心态年轻，充满活力，我为她设计了标语：“外婆的年龄，小姐姐的心态，要变美找春玲姐！”

接下来，她该如何有效展示自己的专业形象，并深化个人品牌呢？

首先，让她成为产品，成为最佳代言人。她的个人形象、皮肤状态和生活状态的展现至关重要。因此，我建议她定期在视频号和朋友圈分享自拍照，无论肌肤的细腻还是生活的美好，都可以通过相机随时捕捉、随时分享，以吸引更多人的关注。

其次，持续分享用户需要的干货内容，打造专业形象。过去，春玲姐的朋友圈主要集中在产品推广上。我跟她说，用户更关心的是“你能解决什么问题”。通过在朋友圈分享护肤小常识，她逐步塑造起专业形象，向用户展示她在这一领域的深厚知识和技能，以及她能够为用户带来的实际帮助。

最后，常常展示用户反馈，增强信任感。客户见证是建立产品信任的强有力工具。我跟她说，一定要有意识地收集用户的使用反馈和前后对比照片，这些真实的案例可以极大地增强潜在客户对产品效果的信心。例如，可以分享一张用户使用前后的对比图，并附上一句简短而有力的评语："从怀疑到信任，只隔着一瓶××的距离。"

打造个人品牌后，春玲姐在不到3个月的时间内实现了超过15万元的营收，相当于以往几个月总和的两倍。以往，在与客户面对面交流中，几乎无法一次性卖出价值2万元以上的产品套餐。现在，她经常能在与客户的首次会面中，成功销售高价值产品。她还将这套有效的营销模式复制给了她的团队，团队成员也因此取得了显著的业绩。

3. 个体轻创业思维，传统企业与个体创业者的转型升级之道

你可能会好奇，个体轻创业的理念如何与传统企业的转型升级相关联？疫情之后，我们见证了生活方式的剧烈变化和各行各业的深刻洗牌。在这一背景下，我们发现，几乎每个行业都迫切需要利用个体轻创业思维进行重塑。

那么，个体创业者如何运用这一思维模式，以释放更大的潜力与价值？

案例解读：传统瑜伽馆主的转型升级

我的学员蓉蓉，拥有4家线下瑜伽馆，但近年来，她发现招生变得越来越难，盈利也越来越不理想。2023年，蓉蓉找到我，希望找到一条线上业务的升级转型之路。在与她的沟通中，我了解到蓉蓉曾投入大量时间和金钱学习瑜伽馆的标准化管理，她的强项在于能够从无到有地开设瑜伽馆。这也正是她能够成功运营4家瑜伽馆的原因。

为了帮助蓉蓉，我为她设计了一套全新的瑜伽馆运营模式：不再只专注于教授瑜伽技巧，开始向那些渴望通过开设瑜伽馆来创业赚钱的人传授全套的解决方案。这样的转型升级助力她大幅提升了营收。

如果你也是一位面临线上转型的传统企业老板，可以用以下两种方式打造个人品牌：

一是讲好故事，利用个人品牌的力量，通过直播或短视频继续销售现有产品。

二是用好经验，系统梳理赚钱方法，进而打造成为产品。

打造个人品牌，是实现轻创业的第一步。

精准定位：成为不可替代的行业专家

在深入洞悉市场趋势的同时，我们还需内省，识别自身的优势：我能做什么？如何将这些优势转化为市场竞争力？

本章将通过3套精心设计的模型，从多个角度切入，帮助你找到更为精确的个人定位。这些模型是我在为众多客户进行咨询并取得显著成效后，总结出的有效且实操性强的工具。无论用于自我定位，还是协助他人进行定位梳理，都同样适用。

以终为始：锚定榜样人物

在着手进行个人定位之前，我们首先需要达成一个共识：无论塑造个人品牌还是开展轻创业，都需要“以终为始”的思考方式。也就是说，我们必须先明确终极目标，即想要达到的境界。为此，请认真思考以下两个关键问题。

一是我是谁。

这个问题旨在帮助你认清现状，了解自己当前在职业旅程中的位置。

二是我想成为谁。

这个问题关乎未来愿景，帮助你确定理想状态和职业发展的终极目标。

在思考这个问题的过程中，我们还需要找到对标人物。**寻找对标人物的好处是，将理想状态可视化。**我们想做的事有人已经做到了，会给予我们更多信心。

高估自己的能力和判断力，忽视寻找经验丰富的榜样，是一个常见误区。在提供咨询服务的过程中，我经常遇到一些满怀激情的创业者。他们向我展示自己独特的创意，信心满满地预测未来市场的广阔前景。然而，当我问及是否有人已经按照他们设想的方式取得成功时，他们常常回答：“没有，正因如此，这正是我的机会！”我坦诚地指出，这可能不是一个机会，而是一个潜在的陷阱。

世界上有数十亿人，其中不乏比我们更聪明、更有经验的人。如果一个想法确实可行，很可能已经有人实现了。如果你认为你的想法独一无二，没有人尝试过，要么是你尚未找到已经成功的人，要么是步入了一个误区。

这时，可能会有人反驳我，以埃隆·马斯克将人类移民火星的宏伟计划作为例子。他们可能会说："马斯克不也设定了这样前所未有的目标吗？"对此，我的回答是："像马斯克这样的人物极为罕见。他拥有非凡的能力和坚定的意志，世界上99%的人不具备这些特质。"

雷军曾经说过："这个世界上99%的事情都有标准答案。向懂行的人请教，可以让我们少走弯路。"

因此，在我看来，寻找创业榜样，几乎是每个创业者的必经之路。在寻找学习榜样的过程中，我们通常可以从以下两个维度进行。

一是理想榜样。我想成为像他那样的人，他从事的事业正是我向往的事业。如果我有机会并且有能力，我会选择购买最高端的产品或服务，与他建立深度联系，并向他学习。

二是能力学习。某个人的某些特定能力是我的短板，如果他将这些能力转化为产品或服务，我会购买，或者成为学员，接受一对一指导，以获得这些能力。

比如，你是一位希望提升公众演讲技巧的企业家。你可能会找到一位像托尼·罗宾斯这样的励志演说家作为榜样。即使你不打算成为演说家，关于沟通和影响力的课程仍然是宝贵的学习资源。

如果没有现成的产品或服务，我们要深入研究并拆解他们的做法，从中吸取经验。

优势发掘：利用定位三角找到“最长板”

定位三角模型，是一个强大的分析工具，由产品、用户和优势3个核心要素构成，是进行定位分析的主要参考指标（见图1-3）。

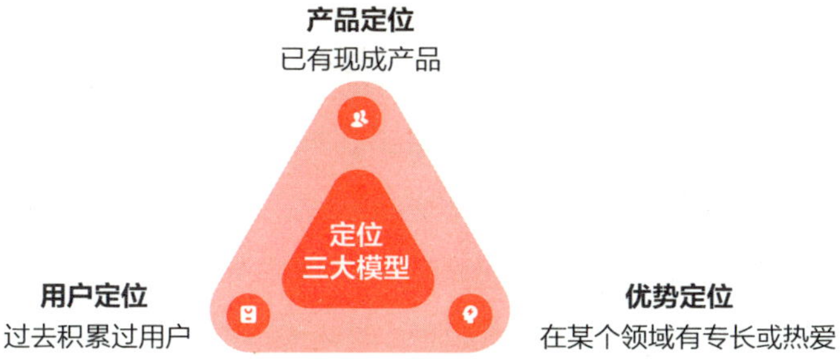

图1-3　定位三角模型

1. 产品定位：为拥有特定产品的创业者量身定制

前面，我们谈到过“细胞护肤春玲姐”这个案例，她的个人品牌定位就是围绕她的产品切入的。

另一位学员雅子，在疫情期间，因其餐厅关闭陷入职业迷茫。在交流中，我了解到她对育儿和心理学颇有兴趣，但这些并非她的强项。我发现她的朋友圈中展示了一些实体产品，便询问她是否有现成的产品或项目可以利用，以实现低风险且快速获得正反馈的创业目标。雅子透露，她最近加盟了一个减肥项目，并开设了线下门店，虽然刚刚起步，但她对个体轻创业的可能性充满好奇。

我建议雅子集中精力，优先发展减肥项目，并将此作为打造个人品牌的切入点。我们首先分析了减肥项目的目标用户——爱美的女性群体。基于此，我为雅子提出了“雅子又美又瘦”的品牌定位，直接呼应服务人群的理想状态，同时凸显产品的效果。雅子在社交媒体上积极展示这一形象，短短9个月内，她就实现了人生中的第一个百万元营收里程碑式进展。

在利用产品定位增强个人品牌时，我们可以依托产品的独特卖点或用户的理想状态，将个人品牌定位与产品紧密相连。**作为产品的代言人，你的生活状态就是最有力的证明。**

2. 用户定位：针对已有用户基础的领域专家

在个体轻创业初期，不是每个人都能立即拥有自己的产品的。通过细致分析创业者的优势，我们可以发现：某些人在特定领域深耕多年，积累了丰富的用户资源。由于长期与用户互动，他们对用户的需求有深刻理解。这也为我们提供了另一个切入点——用户定位。

以我的创业经历为例，我将自己定位为“创始人个人品牌商业顾问”。我在商业教育领域深耕12年，服务了众多企业家和创业者。因此，我不仅是一个个人品牌顾问，更是一个深刻理解创业者需求的商业顾问。

谷燕燕，我的一位朋友，过去10年一直从事人力资源工作，并积累了5000名HR资源。基于这一背景，她将自己定位为“HR个人品牌顾问”，这一定位明确了她与其他个人品牌顾问的不同。

此外，我还帮助许多学员找到了自己的品牌方向。例如，海侠在育儿领域工作多年，主要负责营销和管理，积累了大量家长用户。现在，她希望转型到线上，打造自己的个人品牌，从一名运营人员逐步发展为拥有个人IP的专家。通过“用户定位”，我帮助她确定了品牌名——“海侠育子有方”，既体现了她在育儿领域的专业能力，又充分发挥了其与家长用户群体联系紧密的优势。

通过用户定位，创业者可以充分利用自己在某个领域的用户积累，将其转化为个人品牌建设的坚实基础。

3. 优势定位：发掘并利用个人专长或兴趣

对于在特定领域具有深入研究或浓厚兴趣的创业者来说，优势定位是一条明晰的道路：如果你擅长撰写文案，那么可以将自己定位为文案教练；如果你擅长撰写引人入胜的个人品牌故事，那么可以成为爆款个人品牌故事的创作者；如果你具有出色的审美能力，那么擅长打造吸引人的朋友圈内容，成为朋友圈美学导师可能是不二之选……

即使尚未成为某一领域的“大拿”，只要对该领域充满热情并渴望深入学习，也可以为自己贴上专家的标签，**定位的本质是站在未来的角度审视当下。**如果因为担心自己不够专业而不敢定位，那么最好的策略是：赋予自己这一标签，并且不断地在该领域输出学习成果和思考。我将这种方法称为“养成系定位”。

以我的经验为例，在最初定位自己为“个人品牌顾问”时，我并非该领域的权威。为了缩小差距，我报名参加了大量与个人品牌相关的课程，购买了许多相关书籍进行深入学习。在学习的同时，我不断在朋友圈分享学习心得，并通过每日直播，将我的学习体会和最新实践结合起来，与我的学员们分享个人品牌打造心得。

本章精华

创业之前，我们要先做战略思考，用 PEST 模型分析外在环境，并准确定位自己。精准定位的关键在于“以终为始”的思考方式。要明确自己当前的位置和未来的理想状态，并有意识地寻找和学习榜样人物的经验。从产品、用户或个人优势出发，精准确定符合未来市场趋势的定位。

通过案例分析，我相信你已经获得了丰富的启发。每个人都应该拥有一个高价值定位，以实现个人自由和职业成功。

第2章

打地基：

创业前的全面准备

个体轻创业：揭穿“速成”幻象

翻看朋友圈、视频号时，经常有那种让人心痒痒的标题蹦出来——“辞掉工作创业，月入10万元不是梦”。听起来好像找到了成功的捷径，幻想着自己也能一步登天。别急着做决定，别让那些“数月暴富”的故事冲昏了头脑。在现实世界里，没有快速致富的魔法，每个成功的故事都是深思熟虑和用心准备的结果。

成功不是随机抽奖，是一个有迹可循的过程，是经过一连串尝试和失败后取得的成果。起点越高，准备越周全，在创业这条路上的步伐就能越稳健。**个体轻创业不是快餐文化的产物，是一场考验耐心和策略的马拉松。**

本章将一起深入探索个体轻创业的世界，从心态调整到资源筹备，从愿景规划到风险管理，每一个细节都可能是成功的秘密武器。我们将一步一步地为你的创业之旅打下坚实的基础，确保你在这条充满挑战的道路上走得远，走得漂亮。

打牢基础：打造创业的坚实地基

创业，是蓄谋已久的结果。每个成功的故事背后，都有一段不为人知的积累和准备。

以混沌学园创办人李善友教授为例。在混沌学园诞生之前，李教授不仅是酷六网的掌门人，还曾在中欧商学院担任教授。在学术的殿堂里，他深入研究互联网创业和颠覆式创新，积累了一大批忠实的追随者。

再看樊登读书会（现更名为“帆书”）的创始人樊登老师，在读书会成立之前，樊登老师曾是央视的金牌主持人，创办过华章教育，并经常受邀为企业授课。因此，在读书会创办之初，即便只是售卖讲书的PPT，也吸引了众多愿意为知识付费的粉丝。

在创业这条道路上，正反馈的重要性不言而喻。如果我们长时间得不到积极的反馈，很容易气馁，甚至会放弃。早期的积累和准备，为创业之路打下了坚实的基础，让我们在面对挑战时更加从容。

我的故事：百万元营收背后的默默耕耘

把时钟拨到2021年9月1日，我租下一个工位，正式开启了轻创业之旅。10月15日，我推出了首款产品，发售当天就实现了10万元的营收。接下来的3个月，营收突破50万元；7个月后，我突破了第一个100万元的里程碑。听起来像是一个一鸣惊人的故事，但实际上，成功不能一蹴而就，我将从长期和短期两个角度剖析这段旅程。

1. 角度一：长期耕耘——积蓄力量

能力积累。12年磨一剑，我一直在商业教育领域深耕细作，培养了相对敏锐的市场洞察力、不错的文案能力和沟通能力。这些积累让我在创业之初，能够迅速把握市场需求，精准定位，并快速推出我的首款MVP（最小可行产品）。

人脉积累。多年来，我有幸结识了一群优秀的创业者朋友。得益于他们的支持，当我在2021年10月15日推出首款产品时，一篇精心撰写的品牌故事推文在微信朋友圈被“刷屏式”转发，最终吸引了50多人报名1980元的年度会员，单日营收突破了10万元。

优势积累。我于2021年决定裸辞创业，但早在2020年3月，我就开始了线上创业探索。在这一年的摸索中，我尝试了多种定位，迭代了多款产品，直到2021年7月，我才确定了“创始人个人品牌商业顾问”这一定位。

两年的实战经验让我认识到，我的强项是将规划落地。依托这几年在线上打造个人品牌的探索，结合在商业模式教育机构12年的工作经验，我最擅长的是**为个体创业者设计商业顶层架构，并助力他们拆解目标，推动落地。**2023年，我决定专注于提供线上创业落地陪跑服务，将自己的角色升级为商业IP全案顾问。

未来，随着在商业和个人成长领域的不断深入，我的定位可能会继续升级。因此，定位不是想出来的，而是一步一个脚印干出来的。

破圈入圈。“圈层壁”揭示了不同圈层之间的隔阂。美国芝加哥大学的一位教授指出，当不同圈子之间缺乏交流时，他们的思想和行为模式可能会大相径庭，信息的差异造成了认知上的鸿沟。要缩小这种认知差距，我们必须勇于跳出舒适圈，进入新的领域。人与人之间的智商差异并不显著，真正的差异在于认知。在疫情暴发之初，我开始尝试线上学习。起初，我对加入一个社群要支付上万元的费用并不理解。当我真正成为其中的一员后，我才开始理解这些投资的真正价值。

自那时起，我开始积极投资各种付费社群、私教、陪跑学习，了解各种个体轻创业的赚钱模式。在这个过程中，我不仅吸收了许多以前未曾触及的专业知识，还结识了许多来自不同行业的有识之士。这些新朋友成为我创业路上不可或缺的伙伴。通过直播连麦、朋友圈互推，以及电话深入交流，我与这些伙伴建立了紧密的联系。在我后续的创业旅程中，当我需要帮助时，总是有许多伙伴第一时间支持我。

以我的经历为例，我们可以清晰地看到，创业成功需要长期的人脉和圈层积累、基础能力构建，以及个人显著优势的形成。除了长期的准备，为了10月15日这天的朋友圈发售，我也做足了功课。

2. 角度二：近期准备——落地行动

咨询能力

在2021年9月1日正式宣布创业之前，我已经开始了大量的咨询工作。通过3个月的深入咨询，我迅速掌握了多数人的痛点和市场需求，专业水平显著提升。

“工欲善其事，必先利其器。”在打造个人品牌和个体轻创业的道路上，咨询能力是需要不断提升的核心技能，体现为解决问题的效率。**客户愿意为服务付费，核心在于我们能够解决他们的问题。解决问题的能力越强，提供解决方案的速度越快，单位时间的价值就越高。**在过去3年的创业过程中，我一直在不断迭代咨询能力。至今，咨询时长累计已超过3000小时。

品牌故事

人们更喜欢聆听故事，而非枯燥的理论。在创业之初，我就深刻认识到个人品牌故事的力量。因此，我提前一个多月着手准备第一篇个人品牌故事推文。为了打磨出一篇引人入胜的故事，我提前邀请了专业的个人品牌故事作家，在创作过程中，我们不断讨论、反馈、修改，经过23次迭代才最终定稿。

这篇文章不仅仅是为了传播名声，更是为了推广产品。一个好的个人品牌故事应该具备两个核心功能：

（1）传美名：能够给读者留下深刻且积极的印象。故事如果不能有效传递个人魅力，就难以被广泛传播，也无法激发读者的转发意愿。

（2）卖产品：故事应该与产品紧密相连，让读者在感动之余，也能感受到产品的价值。故事如果无法激发读者的购买欲望，无论传播有多广，都意味着投产比不理想。

在撰写第一篇个人品牌故事推文时，我建议你提前思考以下问题：

要推广的是一款什么样的产品？

这款产品的用户群是谁？

产品有什么独到之处？

我当时推广的是一款价值1980元的年度社群产品，我提前梳理了这款产品的所有卖点，并全部嵌入8000字的品牌故事文章中。如果用户愿意投入15分钟的时间沉浸在故事中，他们下单的可能性非常大。

提前造势

如果我只是写完这篇文章，不声不响地集中在某一天进行推广，势能和影响力远远不够。我的公众号8月才开始做，到10月，只有100多个粉丝，阅读量非常有限。

但是，我的个人品牌故事文章发布当天，阅读量就突破了7000大关，几乎所有的付费用户都是在阅读这篇文章后直接选择购买。

这篇文章之所以能够有如此高的阅读量，关键在于提前做了精心策划。我花了一周时间，联系了50多位创业者和知名个人品牌老师，请他们在文章发布当天帮忙转发。这样一来，不仅在朋友圈里小小地“刷屏”了一把，还让更多人看到了这篇文章。

老师指导

从创业的第一天起，我就坚信一个原则：**通过付费获取他人的经验是通往成功的快速通道。**面对未知的领域，我虽然缺乏直接经验，但有人已经摸出了门道。这时，我只需花一些钱，就能换取他们宝贵的知识和技巧。在我看来，这是一桩极其划算的买卖。

一开始，我就不惜花费数万元，聘请了私教老师，寻求一对一的专业指导。在遇到难题时，我可以随时向老师求助，避免了许多不必要的挫折。

随着创业的深入，我在每个新阶段都会寻找新的老师，或是私教，或是陪跑。3年的时间里，我在学习上投入近百万元。

高价聘请老师还有另一个好处——让我亲身体验了不同的服务交付方式。通过比较，我学会了辨别哪些方法有效，哪些不太理想，从而在未来的服务中取长补短。

如果没有亲身经历过高价值产品的交付过程，我们就难以打造出同样高质量的产品。因为不了解市场的标准，就无法满足客户的期望。

当然，投资学习应该量力而行，不要超出自己的财务能力。

知识体系：构建专业堡垒

想要进行个体轻创业，或者将传统企业转型为线上模式，**关键在于建立自己的知识体系。这不仅是个体创业成功的基石，更是一个终身课题。**只有构建知识体系，才能让个人品牌故事广为流传。

例如，《论语》就是一套完整的知识体系，传承至今，我们仍然能够感受到孔子的智慧。

再如，李时珍的《本草纲目》，这不仅是一部医学巨著，更是一套系统化的知识体系，让李时珍的名字和成就跨越了世纪。

当代，许多杰出企业家都构建了自己的知识体系，如稻盛和夫的《六项精进》、雷军的《互联网七字诀》。这些知识体系不仅推动了企业的发展，也成了他们个人品牌的重要组成部分。

那么，普通人如何建立自己的知识体系呢？我总结了以下3个关键步骤。

1. 深耕细作：积累特定领域的专业知识

常言道："巧妇难为无米之炊。"如果没有经验积累，建立知识体系无异于空中楼阁。如果你读到这里，还未开始在某一领域深耕细作，现在就是开始刻意积累专业能力和经验的时刻。

但请等一等，你真的没有任何经验吗？或许，你只是尚未发现自己的潜力。

我曾经有一位学员，她在纠结是继续上班，还是回家边带孩子边尝试个体轻创业。她一直从事行政工作，没有销售经验，也没有授课经历，自认为沟通能力一般。她觉得，个体轻创业所需的能力和特质，她一样都不具备。

然而，在一次咨询中，她跟我提到，5岁的女儿能在公园与外国人流利交谈半小时。我好奇地问她，孩子是如何学习英语的，毕竟这样的能力不是一朝一夕就能培养出来的。她告诉我，孩子从未参加过任何培训机构，都是她亲自教授的。我问她："你的英语一定很棒吧？"她回答说："其实也一般，只是为了让孩子学好英语，我在网上找了很多资料自学，然后和孩子一起学习。"在这个过程中，她没有花费一分钱。

我立刻意识到，这不仅仅是一种能力，更是许多宝妈都会感兴趣的宝贵经验。

我鼓励她注册一个账号，专门记录和分享教孩子学习英语的点滴。短短一个月，她的粉丝数就超过了一万。随后，我建议她向所有粉丝免费分享自己的英语学习资料，结果一个月内，就有3000多人通过这个账号成为她的微信好友。

那么，她该如何变现呢？考虑到她不擅长公开演讲，我建议她将这些朋友拉入一个微信群，通过社群团购的方式进行变现，同时在群内分享育儿和英语学习资料。这样，她不仅能够快速获得收入，还能逐步构建自己的知识体系。

几个月后，仅通过社群团购，她每月的净收入就超过了3万元。

其实，她还可以进一步总结经验，形成系统，开发成一款私教产品，帮助那些同样渴望个体创业却迷茫无措的宝妈找到赚钱的路径。

如果你现在正准备启动个体创业，却不清楚自己过去积累了哪些经验，请继续阅读第三章，我们将教你如何发掘自己的优势和定位。

2. 建立框架，系统化学习

经验积累不加以系统化，很难转化为实实在在的收益。因此，我们需要记住一个关键点：**碎片化的知识不值钱。**

如果想把经验萃取成体系，一定要进行系统的学习。当你决定了要做某一个领域并进行定位之后，可以系统地思考以下问题：

做这个领域，如果要帮用户拿到结果，要解决哪几大问题？

也就是说，把产品框架先做出来，有了产品框架后，可以更有针对性地阅读相关书籍以及听相关课程。

如果你没有任何思路，可以先找到5～10本关于这个领域的专业书籍，你会发现，有些事情你也会做，只是没有整理，可以把这些内容收集起来，作为自己知识体系的一部分，后面再去尝试和迭代。

以我的核心产品“C栈轻创闭环陪跑”为例，个体想要启动线上创业，最重要的是先跑通私域的商业闭环，而私域的商业闭环最核心的4个环节如下。

第一，商业顶层设计

只有知道接下来做什么、怎么做，明确对未来的基本预期，才能够坚持行动。所以，我会根据学员的目标，手把手帮助其做商业顶层设计，确定商业模式，确定产品形态，拆解目标，并规划出清晰的落地清单。

第二，品牌及产品升级

变现的核心是产品。很多人存在的一个最大问题是：明明有优势，却不知如何营销。

所以，我们会帮助陪跑学员提炼出更吸引人的产品卖点，以及他身上的核心价值点。

第三，销售流程梳理

有了产品，还要把它卖出去。很多人并不知道怎么卖。

如果是低客单产品，可能发一发朋友圈，就会有人直接下单。如果是高客单产品，则需要专业的销售流程和话术。所以，我们还会手把手帮助学员打磨一套适合的高客单产品成交流程，包括成交话术等。

第四，批量成交

做个体创业的朋友都会有批量成交的诉求，这也是一项必备能力。我们会手把手带着学员落地，帮助他们通过一场发售活动，批量成交高客单产品。

在交付产品时，抓住以上4个关键环节即可。我也在不断提升在这4个维度的能力，并打造出独特的方法论和交付模型，让用户更好地掌握这些知识，并且更好地落地。

3. 持续输出，将定位植入用户心智

持续输出，不仅能帮助我们将知识系统化，还能为我们带来以下显著价值。

（1）巩固学习成果，构建完整的知识体系。通过输出，我们可以将所学知识内化，并形成自己的理论体系。

（2）深化品牌印象，植入用户心智。邓德龙在《2小时品牌素养》中提道："品牌的竞争，归根结底是心智资源的竞争。"**赢得用户的心智资源，关键在于如何管理和塑造用户对我们的印象。**

在某一领域确立了定位后，如何快速让更多人了解并记住这一定位？答案就是持续输出与该定位相关的内容。这里分享一个实用的小技巧：在输出内容时，附上你的专业标签。这样，可以帮助用户更加直观地记住你的专业形象。

以我个人的经验为例。在刚开始定位为个人品牌商业顾问时，我每天都会发布一条信息："和甜风一起学习个人

品牌轻创业。”我坚持了500天。实际上，在我写到第100天的时候，朋友圈里的用户就已经对我的这一标签有了深刻印象。

通过这种方式，我们不仅能够巩固自己的专业知识，还能在用户心中建立起清晰的品牌形象，从而在激烈的市场竞争中脱颖而出。

心态摆正：先开枪，再瞄准

创业阶段，什么最为关键？启动资金、产品、市场定位、流量？

如果在3年前，你问我创业初期什么最重要，那么我会告诉你这4项缺一不可。

但在我的创业历程中，我有了新的见解：即便这4项都不具备，创业之路依然可以开启。因为我就是从一无所有的状态起步的。

那么，什么才是创业成功的关键呢？答案是想法加行动。只要怀有创业的梦想，并且持之以恒地付诸行动，你将逐渐找到清晰的定位。定位不是凭空想象出来的，而是在实践中逐步迭代和明确的。

如果你还在为找不到定位迷茫，我想送给你两句话：

你的生活模式就是你的商业模式。

创业的最小单元是陪伴。

怎么理解这两句话？我在决定创业之初，也不清楚自己能做什么。我曾是一位事业发展顺利的总经理，同时拥有一个幸福的家庭。因此，我开发了一门课程，专门教授如何平衡事业与家庭。

这些年来，我不断努力，不断突破，实现了一个又一个目标。例如，从事销售一年，就成为集团的销售冠军；从底薪1000元起步，3年内在南京买房；5年时间，成为集团最年轻的分公司总经理。基于这些经历，我设计了一门“目标管理”课程。

如果你没有这样的成就事件也没关系，因为每个人都有自己的优势，烹饪或育儿这些技能也能成为个体轻创业的起点。

如果你仍然觉得无从下手，还有两个选择：

在职场中继续积累经验，将某项技能磨炼到极致。

尝试养成系创业，如公开承诺要早起、读书、运动，然后带领一群人共同进步。这就是我所说的“创业的最小单元是陪伴”。许多知识付费创业者都是从陪伴早起、读书、运动、减肥等活动开始的。

人们更愿意看到你的成长过程。就像那些记录自己从胖到瘦的短视频，之所以能火，是因为观众见证了整个过程。

那么，如何设计陪伴型产品呢？

第一，明确要陪伴用户完成的目标，如提高阅读能力。

第二，将目标细化，如一年读52本书。

第三，将任务分配到具体日程中，如每周读一本书，每周六更新。

通过这种方式，可以创建一个社群，如读书会，作为产品。

虽然每个人的起点不同，但只要坚定地想要做一件事，哪怕进展缓慢，只要持续行动，终将到达目的地。

因此，开启创业之旅，不需要一开始就非常出色或完美无缺，可以先开枪、后瞄准，先行动、后迭代。

正如吉姆·柯林斯在《选择卓越》中所言："先发射子弹，再发射炮弹。"以低成本快速进入市场。

立下愿景：找到战略"指北针"

在创业的路上，是否应该在初期就着手塑造企业文化？面对这个问题，一些创业者可能会认为，与其空谈使命、愿景和价值观，不如脚踏实地地解决眼前的问题，毕竟盈利才是硬道理。

然而，在我看来，从创业之初就开始提炼企业文化至关重要。因为在创业过程中，将面临层出不穷的挑战，尤其在起步阶段，那段艰难的岁月足以击垮许多人。

是否有清晰的使命和愿景，决定了能够走多远。

以阿里巴巴和帆书（原樊登读书）为例。

阿里巴巴：让天下没有难做的生意。

帆书：帮助3亿国人养成阅读习惯。

这两家公司都成了业界的佼佼者。

我于2021年9月正式创业，但早在2020年7月就注册了公司。品牌C栈起于2020年3月，并提出了C栈的使命、愿景、价值观。

使命：帮助100万人开启轻资产创业创富

愿景：让普通创业者都能享受到专业、落地的个体轻创业咨询服务

价值观：信任、感恩、创新、包容

栈歌：夜空中最亮的星

标语：C栈，轻创业充电第一站

虽然C栈还只是一个不起眼的初创品牌，我也不知道这个品牌能走多久，但我知道，如果没有最初的信念，C栈可能没办法活过两年。

在选择是否要辞职创业时，我畅想过这样一个场景——创业者来到C栈对我说：甜掌柜，上C咖，我们聊聊创业故事。

2020年9月，我还在做社群，没有团队，面对堆积如

山的工作任务，一位线上合作伙伴关切地问我："甜风老师，你每天要处理这么多事情，又没有团队支持，难道你不感到焦虑吗？"

我回答："我并不焦虑。因为我相信，每一项成就都要从小事做起，一步一个脚印积累起来。就像唐僧去西天取经一样，最初也是孤身一人，但凭借坚定的信念，最终汇聚了一支强大的团队。"

那段时间，稻盛和夫的《活法》深深激励着我："当你动机至善、私心了无的时候，那么'神'和'佛'就会来帮你。"

我认真思考过这个问题：我创业抱持的是不是利他之心？经过长时间的思考，我确定，我的创业动机也是至善的，那么在遇到困难时，一定会有贵人来帮助我。在那段时间，我没有团队，都是学员们主动来帮我做招生、做运营。有学员说："甜风不容易，我们一定要好好守护她。"

文化，是一个创业公司的战略"指北针"，指引着方向。一个拥有坚定信念的团队，才能在激烈的商业竞争中立于不败之地。

创业避坑：不走弯路，就是最快的路

在创业的征途上，最快捷的方式是避开弯道和陷阱。不走弯路，就是最快的路。

流量转化：从关注流量到关注收益

近年来，随着短视频和直播的兴起，无数普通人通过自媒体平台获得了巨大的流量，彻底改变了命运。许多人抓住了机遇，但也有不少人误入歧途，掉入了流量的陷阱。

我要说的第一大坑，就是流量的坑。

很多人的想法是：大家都在做自媒体，我也赶紧入局搞流量。可是，你清楚做自媒体变现的核心是什么吗？是流量、产品，还是营销？

如果你暂时不能确定，可以再思考下一个问题：

给你一个有30万名粉丝的抖音账号，你可以变现多少？

事实上，拥有30万、100万粉丝，但无法变现的博主大有人在。

有一天，我突然收到一位朋友发来的信息：甜风老师，我做自媒体一年多了，在各个平台有30多万粉丝，但不知道如何变现。

她还把她的短视频发给我，确实做得非常好，用户的黏性也很高。我问她："你有产品吗？"她说："没有。"没有产品，怎么会变现？

产品才是变现的核心。单纯依靠流量变现，可能只是时断时续的广告报价收入，无法稳定且拥有掌控权。再者，在有人买产品时，做交付会倒逼你快速成长。所以，在做流量之前，要先明确用来变现的产品是什么，用户画像是怎样的。要依靠产品，跑通自己的私域商业闭环，而不是一味地搞流量。

我的一位创业者朋友拍了很多剧情片，拍摄成本加投流成本达100多万元，确实有涨粉效果。但后来却发现无法转化，因为他做的是知识付费产品，剧情片引流来的用户都是泛流量，很难成交。

我们必须擦亮眼睛，不要被平台上一片繁荣的流量数据捆绑，流量不等于用户，变现能力才是王道。

商业模式：选择高价值的盈利路径

创业的第二大坑是：不清楚底层逻辑，盲目复制大佬的成功经验。

坦白说，这个坑我也踩过。在刚创办C栈时，有一位朋友问过我："你打算走混沌模式，还是得到模式？"

大家都知道，得到、混沌、帆书都是目前知识付费领域的头部。大部分人在进入某个赛道时，都会向头部看齐。

创业两年后我发现，"你打算走混沌模式，还是得到模式"，本身就是一个坑，它会让我自然而然地考虑：我该模仿谁？

混沌和得到的最大区别在于：混沌以创始人李善友教授为核心IP，而得到则以平台模式为主，罗振宇作为幕后的运营操盘手，推动平台上众多知名IP进行变现，如刘润老师、万维钢老师等。

这两个平台的共同点是，主流课程的价格都非常亲民：混沌的年费一年前是一千多元；得到的刘润老师的"5

分钟商学院”仅售299元，梁宁老师的“产品思维30讲”只需100多元，大多数课程的售价都在300元以内。

这给很多人造成了一种错觉：在知识付费领域，应该学习这些大佬，走低客单、大流量的路线。事实上，这些大咖老师都是时代的产物，他们在早期就占领了互联网的头部。同样都讲商业认知课，你是愿意花299元听刘润老师讲一年，还是会花299元听甜风老师讲一年？这时候，大部分人都会问：“甜风是谁？”

如果我们没有理解互联网的头部效应，就想着做一套课程，分一杯知识付费的羹，最后可能会因为价格太低，量又上不去，导致总体营收太低。

事实上，现在的个体创业更好的出路是告别流量内卷，走“高客单、重交付、定制化”的路线。

在注意力越来越稀缺的时代，用户要的不是产品，而是“解决方案”；学员要的不是课程，而是“拿到结果”。

“知识”不值钱，值钱的是由知识带来的改变。随着知识付费的兴起，很多人买了很多课，没有时间听；进了很多社群，没有时间看。

在未来的3～5年，如果还想进行个体轻创业，一定要走高客单、定制化路线，真正帮助用户落地拿到结果。不卖产品，卖“解决方案”。

就广大普通人进行个体轻创业而言，不建议大家花很多时间去搞流量，做低客单产品，因为其收效甚微。**要直击本质，做离钱路径近的事情，做高客单产品，获取优质、有消费力的用户，帮助用户真正拿结果。**

本章精华

创业之路，始于足下。每一个看似一鸣惊人的创业成就，并非凭空出现的，而是源于创业者长期的深厚积累和短期的精准行动。这些背后的故事，如同静水深流，默默支撑着每一个成功的瞬间。我相信，我在这一章节中给大家分享的案例会给很多普通创业者启发。构建个人的知识体系对于创业者而言，是一项永无止境的追求，不仅关乎当前的成功，更是未来发展的坚实基石。

创业之旅的第一步，是勇敢地迈出去，拥抱未知，敢于尝试。先开枪再瞄准，先行动再迭代，这是通往成功之路的不二法门。不要被无尽的准备和犹豫束缚，因为在创业的道路上，永远没有所谓的“完全准备好”的时刻。心怀愿景，避开流量和模式的坑，少走弯路，就能更快拿到结果。

第3章

建模型：

创业高楼平地起，好模式决定了商业的高度

选对模式：助力提升10倍营收

提到“商业模式”这个词，是不是有种不明觉厉的感受？

商业模式看起来像中型以上公司应该思考的话题。对于个体创业者来说，眼前的问题都搞不定，有必要思考商业模式这样的宏大话题吗？

实际上，这是每一个创业者的“第一命题”。

不管是建3层小别墅，还是建1层带院平层，第一件事情就是画一张图纸。**如果把创业看作建造一幢房子，商业模式就是“创业的图纸”。**

对于渴望实现轻松高效创业的个体创业者来说，深入思考并设计自己的商业模式至关重要。化繁为简，我们将商业模式简化为三个基本问题：

你想为谁服务？

你想解决什么问题？

你将用什么方式解决这个问题？

用一句话串联就是，**你为了帮助××，解决××问题，提供××产品（服务）。**

在这个超级个体的时代，个体创业者如何以最小的人力投入创造最大的收益？在此，我想分享一个特别适合超级个体实现高营收的商业模式：**高客单—定制化—可复制。**

高客单策略解决了在流量有限的情况下，个体创业者如何实现较高收益的问题。虽然客户数量不多，但每次交易都能获取较高的收入。

定制化服务是支撑高客单产品价值的关键。通过满足客户个性化的需求，为高价值的产品和服务提供合理的解释。

可复制是商业模式能够规模化、扩大影响力的核心要素。一旦找到了成功的路径，通过复制这一模式，可以迅速扩大业务规模，实现收益的增长。这种模式不仅适用于产品，也适用于服务。通过精心设计和标准化流程，即使是高度个性化的服务，也能够实现一定程度的复制和扩展。

选对商业模式，可以轻松实现业绩提升10倍。下面5种个体轻创业商业模式，可以助力大家更高效地实现更好的营收、更高的利润（见图3-1）。

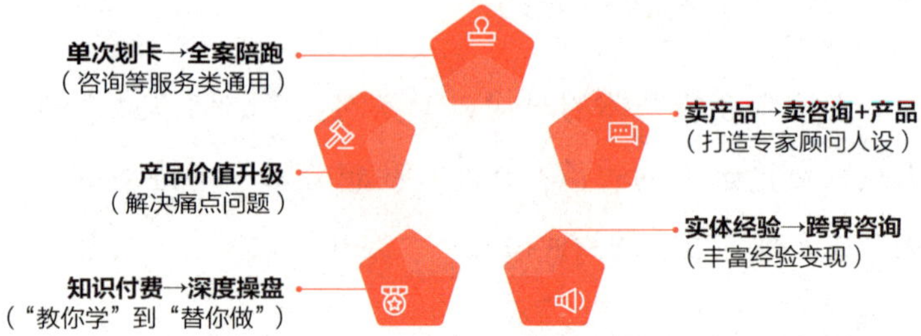

图3-1　个体轻创业商业模式

全案落地：从单次合作升级为全套解决方案

在服务行业，很多产品都以“次数”计费，如学习瑜伽、做心理咨询、学习打高尔夫等，都是按课时收费。对此我们要明白一个底层逻辑：**用户要的不是“次数”，而是结果。**如果我们将单次划卡计费模式升级为全案落地服务模式，可以实现从售卖时间到售卖解决方案的转变，大幅提升个人价值。

案例解读：心理咨询师深度全方位陪跑

学员嘉嘉是一位心理学博士，拥有数十年的心理咨询经验。她之前的收费方式是按小时计费，这种方式让她非常辛苦，且难以实现高效的收入。

嘉嘉面临的困境是，希望客户复购，又不希望客户复购。如果没有客户复购，她就要不断开发新客户；如果客户复购，又意味着客户的心理健康问题尚未得到根本解决。

为了解决这一问题，我建议她不再以小时为单位收费，而是从解决客户心理问题的角度出发，提供年度私教陪跑服务。我们共同开发了一款价值39800元的年度心理私教产品，推出3天后，嘉嘉就成功签约了两位客户。这几乎相当于她过去半年的成绩。

产品对了，销售自然水到渠成。**一个好的产品，需要一个好的商业模式来支撑。**提供全案服务，不仅能够为客户带来更全面的帮助，也能让服务提供者的工作变得更有价值和意义。

在正确的商业模式支撑下，优质的产品能够自然地吸引客户，实现销售的突破。**从单一的服务提供者转变为全面的解决方案专家，我们提供的价值将远超客户的期望，产品也会拥有更好的口碑。**

价值定位：找到高价值对标，10倍提高客单价

在产品定价策略中，一个常见的误区是将产品的价值与市场上的同类产品直接对标，忽视了产品能解决的深层次问题。要实现客单价的显著提升，关键在于解决更核心、更紧迫的用户痛点。

案例解读：减肥产品如何找到高价值对标

学员泛泛是一名专注于健康瘦身的私教。在传统观念中，减肥产品往往被定位为价格低廉的快速解决方案，如路边广告中的“666元减10斤”。

通过与泛泛的深入沟通，我发现，她是一位出色的营养学专家，专业知识和经验远超一般的健康瘦身教练。泛泛的饮食调理方案，不仅能帮助用户减肥瘦身，还能有效降低“三高”风险，改善女性的痤疮、便秘和睡眠质

量等问题。

基于这些发现，我建议泛泛不再简单对标减肥服务，而是将其产品定位为解决一系列身体健康问题的全面方案。这样的产品，定价在10000元以上完全合理。

基于这一理念，我们共同打造了一款定价9800元的"美食健康瘦身百日陪跑"产品。作为一名初创业者，在第一场产品发售中，通过精准的市场定位和有效的发售策略，她在线成交了18个订单。

你的产品的客单价取决于对标产品的客单价。**让产品更畅销，首先要为产品找到一个更高价值的对标，解决让用户"更痛"的问题。**产品能够满足用户更深层次的需求，高客单自然水到渠成。

深度陪跑：知识付费如何升级转型

在知识付费领域，只提供线上课程已经无法满足市场需求了。用户的痛点在于，学习了大量课程，却难以将知识转化为实际行动。**有支付能力的企业老板更渴望获得专业、高效的落地服务，也愿意为能够带来实际结果的服务**

支付更高的费用。

案例解读：资深社群运营升级到深度操盘

学员佳佳是一位经验丰富的运营专家。2023年1月，她找到我，希望我能帮她提升年营收。在第一次电话咨询中，我详细了解了她的营收目标和产品情况。

佳佳告诉我，她有一款售价为1399元的产品，微信好友有2000多人。我帮她算了一笔账，如果要达到40万元的年营收目标，需要成交286单。面对这个数字，佳佳突然感觉到了压力。

意识到单靠售卖课程难以实现目标，我建议佳佳调整商业模式，由单纯的社群运营升级为提供深度陪跑操盘服务。这种模式以结果为导向，直接帮助客户实现产品开发和市场发售，从而锁定高客单，提高服务价值。

令人欣喜的是，2024年2月初，我就收到了佳佳的好消息。她在1月就完成了全年的财富目标，达到了40万元。

通过将知识付费升级为深度陪跑操盘模式，佳佳成功实现了营收目标，同时也为用户提供了更专业、高效的服务。这一案例再次证明，以结果为导向的商业模式，能够为客户创造更大的价值，为企业带来更高的收益。

基于上述对市场需求的深刻理解，C栈精心打造了两款核心产品，旨在为不同阶段的创业者提供定制化服务。

“C栈轻创闭环陪跑”是专为初创业者设计的服务，致力于帮助用户从零到一，升级商业模式，成功跑通第一个商业闭环。这项服务特别适合刚刚起步或者尚未完全掌握如何将创意转化为可行商业模式的创业者。

在用户的强烈要求下，我们推出了“C栈商业全案操盘服务”。这是一款更为深入和全面的服务，面向已经完成初步市场验证，需要商业模式升级和深度操盘指导的中小企业。我们采取结果分佣模式，确保客户能够看到实实在在的成效，并且与服务成果直接挂钩。

两款产品虽然都以结果为导向，但服务的用户群体和提供的服务深度各有侧重。

专家形象：卖产品升级为卖专家形象

在直销、保险等行业中，销售的最大障碍往往是信任的缺失。如果你在这类行业，一定要在线上打造个人品牌，深度建立用户信任。**想要实现高效变现，需要个人品牌及可在线上完成转化和交付的好产品。**

为此，我建议采用“咨询+产品”的商业模式。这种模式的核心在于，通过前端免费或较低成本的咨询服务，传递产品的价值观，展现专业形象和深厚知识，逐步构建起用户的信任。随后，通过后端的高客单产品实现价值转化和变现。

案例解读：线下销冠转型创业导师

学员云姐今年66岁，曾在某直销平台取得“卓越成就名人”的荣誉。然而，随着市场的变化，她发现发展团队变得越来越困难。面对这一挑战，我帮助她升级了商业模式。

利用她过去在该领域的成功经验，结合近两年线上个人品牌打造的新思路，我们共同开发了一款私教产品——社群预见领袖。这款产品专为渴望创业和赚钱却苦于缺乏方法的人群设计，旨在帮助学员解决三大核心问题：提升赚钱的认知，掌握私域引流技巧，以及提高成交能力。

学员掌握了这些关键技能后，会寻找一款产品实践。这时，云姐提供的产品就会成为他们创业实战的理想选择。在教授学员的同时，云姐也在私教产品中巧妙地融入了自己的产品体验，让学员在体验中了解产品的价值，并激发他们成为产品代理的兴趣。

通过这种方式，云姐不再是单纯的产品销售者，而是以创业导师的身份，出售20年的创业经验和财富自由的秘诀。商业模式升级后，云姐在短短一个月内就成功招募了30多位“社群预见领袖”私教学员，实现了个人品牌的飞跃。这些私教学员在后续的培养下，都逐步成为她的用户或者团队成员，她还把这种模式复制给团队，帮助团队成员打造专家形象。

跨界盈利：将实体经验转化为咨询服务

面对数字化浪潮，实体店的经营者们该如何把握机遇，通过打造线上个人品牌，升级商业模式，实现更高效的价值变现？如果您已经积累了某一领域的丰富经验，我推荐您采用**“实体经验转咨询——跨界盈利”**的商业模式，不仅能拓宽利润渠道，还能开辟全新的收益路径。

案例解读：瑜伽馆馆主赋能同行

学员蓉蓉是一位经验丰富的瑜伽馆馆主，深耕瑜伽教学与馆务管理多年，目前掌管着4家瑜伽馆。尽管她在瑜伽教育领域成就斐然，但瑜伽馆的盈利状况并未达到预期。我协助蓉蓉进行了商业模式革新。

我发现她不仅在瑜伽教学方面有深厚的造诣，还对瑜伽馆的开设与管理流程有独到的见解，并形成了成熟的体系。于是，我建议她将开馆流程和实战经验转化为高端咨询服务——“瑜伽馆主全案陪跑”。这项服务超越了单纯的瑜伽技能教授，可以为创业者提供全方位的指导。

教授创业与盈利策略，服务定价远超传统的瑜伽教学，显著提升了蓉蓉的单位时间价值。在这种模式下，蓉蓉不仅巩固了专业权威地位，还成功跨界到咨询领域，实现了收入来源的多样化。

落地执行：五大战略，成就高客单IP

在后知识付费时代，高客单IP的高投产比是适合普通创业个体的首选商业模式。那么，如何才能真正成为高客单IP呢？

基本功战略：价值决定价格

要成为高客单IP，基本功必须好。很多时候，别人之所以愿意付很高的费用，是因为被你的个人魅力吸引。吸引用户付高价，我们要思考一个问题：你会喜欢什么样的IP？可以从以下两个维度进行思考。

一是能力，就是这个IP可以解决哪些问题，拿到什么样结果。这是一个IP的功能价值。

二是能量，即IP的状态是否可以影响生命的状态。如果一个IP有能力帮我们解决问题，我们自然会觉得其能量很高。

做IP创业，基本功是为用户解决问题的能力。如何快速打磨自己的基本功？一言以蔽之，“日精进，事上修”。

结合线上个人品牌创业的实际，可以从朋友圈、私聊、公众号、短视频、直播、咨询6个方面入手。

（1）朋友圈。这是一个免费线上门店。朋友圈是普通人启动商业变现最简洁、高效的路径。关于朋友圈怎么发，我们会在后面的章节进行深度分享。

（2）私聊。如果把朋友圈当作私域成交的唯一路径，注定成交不了高客单产品。跟微信好友进行更深度的沟通，才有机会成交更高的客单，建立深度连接。

具体怎么私聊？至少不是群发信息。不能把微信好友当作流量，要把他们当作一个又一个好友。**只有真正关注他们在做什么，需要什么支持，能够帮助他们解决什么问题，进行个性化、点对点的私聊，建立更深度的信任，才有机会让他们支付更高的客单价。**

我们可以设定每天深度沟通5～10个人的小目标，去看他们的朋友圈，去点赞，去互动，有温度地了解微信里的好友，找出那些你能真正帮助的人，进行深度合作。

（3）公众号。经常会有朋友问：公众号现在已经不在红利期了，已经没有人再看公众号了，现在做公众号还有用吗？当然有用。

我的第一篇个人品牌故事就是通过公众号发布的，发布当天就帮我实现了超过10万元的营收。

做一条短视频，别人只是花几十秒或者一两分钟了解你。如果别人能够用心地读完一篇5000字的文章，跟你产生的连接肯定不一样。用户支付的费用也完全不一样。公众号是一个可以和用户建立深度连接的场景。我们不一定要写出10万+阅读量的爆款文章，但可以通过公众号文章沉淀案例，沉淀自己的思考，让用户了解你的价值观、理念。

我的公众号“甜风说个人品牌”于2021年8月底正式开始运营，从没有人关注到有越来越多的人关注我，并且通过公众号加我微信。2022年8月，公众号运营满一年，逐渐有陌生的朋友加我，他们通过公众号搜索、推荐认识了我。

（4）短视频。你可能知道一个效应——“多看效应”，当一个人看到你的次数越多，对你的信任也会越强。我们通过视频号不断“露脸”，分享自己的故事、理念、价值观，甚至每天干了些什么，用户自然会觉得“熟悉”。此外，短视频的传播效率比公众号更高，也更容易出圈。

（5）直播。如果说公众号和短视频可以让更多陌生用户认识我们，直播则可以完成更高客单的转化。如果你可以坚持每天直播两个小时，某个用户每天在直播间蹲两个小时，产生的信任度肯定更高，能够支付的客单价也更高。同时，用户对主播表达、知识结构的要求会更高，也很考验我们的心态。

（6）咨询。在思考和回答用户问题的过程中，自己解决问题的能力也会快速提升。所以，咨询、答疑可以让我们变得越来越“贵”。像陪跑、私教类产品，解决问题的能力越强，就可以做到越高的客单价。

对于以上6项技能，我们可以分阶段打磨，每一个阶段把其中一项做到极致，就可以赚到第一桶金了。**我们要考虑的是，到底要把哪件事做到极致。**

过去3年，这6项技能我都在打磨，但我要求自己把咨询做到极致。

我做了超过3000小时的一对一咨询，在提升解决问题的能力的同时，咨询费也由免费上升到1万元1小时。

在这个过程当中，我发现自己特别喜欢并且擅长做咨询，帮助用户解决问题，让我觉得很有成就感，我的公司的经营方向也由自媒体创业转向咨询。在自己做咨询的同时，我还招聘咨询师，把咨询经验传授给他们。通过不断做咨询，我找到了自己的定位，也找到了更适合公司的细分领域。

线下战略：深度影响，高度付费

数字时代，线上营销和个人IP打造虽然已成为主流，但线下战略在销售高客单产品时仍然扮演着不可或缺的角色。

自新冠疫情暴发以来，公众的注意力大量转移到线上，流量也随之涌向网络空间，我也借助互联网成功塑造了个人品牌。然而，经过3年的线上实践，我们发现人们对线下相聚的需求始终存在。**面对面交流能够让我们更真切地观察对方的眼神，感知对方的状态，体验对方的情感温度。**

为了深度影响用户，我们必须在线下与用户建立深度连接，对此，我有深刻的体会。

2023年，我举办了3场线下商业闭门会，其中，前两场是预先计划的，第三场则是基于参与者的显著变化增加的。例如，一位学员在完成产品开发后，对市场发售感到恐惧，一直未能迈出关键一步。在参加了10月23—24日的线下商业闭门会后，她成功克服了这一障碍。11月初，她举办了首次产品发售，并取得了重大突破：直接成交12名私教，收入突破5万元。见证了参与者的变化和成长，我做了一个重要的决策：12月，增加一场线下商业闭门会。

与此同时，我为2024年规划了6场不同主题的线下商业闭门会。从2024年4月起，我还开始开展线下沙龙。通过线下见面，跟用户建立更深的连接。

用户的感受和体验至关重要。在线下环境中，我们可以为用户提供深度的陪伴、赋能和连接，从而激发他们的潜能。**与线上相比，线下环境能够让用户更专注于当前的互动，当一个人的注意力完全投入到与你的交流中时，你就能够更深刻地影响他们。**

在这方面，商业翘楚星巴克就是典型案例。星巴克不仅是咖啡连锁店，更是一个社区和商业社交场所。通过独特的店内体验和社区活动，星巴克成功地将咖啡变成了一种社交文化。即便面临线上订购和外卖服务的竞争，星巴克依然坚持线下门店战略，强调顾客在店内的亲身体验。这种策略不仅加深了顾客对品牌的忠诚度，也提升了顾客的单次消费金额。

因此，如果致力于销售高客单产品，线下战略可以极大地增强我们的优势。通过线下活动，我们不仅能够提供更加个性化和深入的服务，还能够建立更加牢固的客户关系，这些都是线上渠道难以复制的。

感性化战略：感性的力量

随着AI技术的飞速发展，我们经常听到AI将如何替代各行各业的讨论。从文案撰写到视频制作，再到客户服务，AI似乎正逐步渗透到每一个角落。

如果可以被AI轻易替代，你可能很难在高端市场脱颖而出。**是否拥有独特的生命状态和个人品牌，决定了客户是否愿意支付高价。**

无论为了打造一个高价值的个人牌，还是为了在职场上获得更好的立足点和更高的收入，我们都要做到以下两点：

一是不断升级能力，筑高专业壁垒。

二是成为一个有温度的人。

在分享如何撰写朋友圈时，我会强调一个有变现力的朋友圈需要具备的态度、温度、专业度。AI可以模仿文风，写出逻辑严谨的文章，但无法复制个人魅力和生活气息。我们被一个人吸引，不只是因为其专业能力，更因为其独特的生命状态和个性。

以苹果公司的联合创始人史蒂夫·乔布斯（Steve Jobs）

为例。他以独特的个人魅力和对产品的极致追求，将苹果公司打造成全球最有价值的品牌之一。乔布斯不仅是一个技术天才，还是一个艺术家，一个讲故事的高手。他能够激发团队的热情，并通过产品传达出一种生活态度和价值观。这种能力是AI无法复制的。

共赢战略：商业持续盈利的关键

合作共赢是商业持续盈利的关键。在商业活动中，如果只有一个赢家，这种商业模式就会难以为继，因为没有人愿意长期吃亏。因此，若想成功，必须培养共赢思维即学会与他人合作。如何与人合作，需要因人而异。在此，我想分享一个对我帮助极大的思维模式——容器思维。

在过去3年的创业过程中，我将日常交往最频繁的人分为4个不同的“容器”：**贵人、老师、学员和盟友。**

“贵人容器”。在春节期间，我对微信好友中的贵人进行了深度复盘，用标签标出了30多位对我有重大影响的人。在每个重要的节日，我会给他们发送祝福、感谢语和红包，并承诺在未来的每一个重要时刻都记得他们，跟他们反馈我的成长。

“老师容器”。这里的“老师”指的是我已经付费或计划付费的导师。他们现在可能还没有成为我的贵人，但只要真诚相处，他们最终都可能成为我们生命中的贵人。在每个重要的节日，我会发去祝福、红包和礼物，同时避免在销售活动中打扰他们。如果我是付过费或者帮助过我的老师，我也会常常反馈我最近的成长。

“学员容器”。无论潜在的学员还是现有的学员，都需要关注和帮助。在与学员的互动中，我们应关注他们的需求，解决他们的问题，并有针对性地对待不同阶段的学员。

“盟友容器”。盟友是目前可能没有合作机会但支持我们的人。在直播中，需要跟嘉宾连麦，这些嘉宾可能来自不同的圈子，可能不会成为我们的用户，但他们的支持至关重要。我们需要不断与人建立联系，互助是关系建立的基础。通过活动邀请和相互支持，我与许多IP老师建立了关系。在过去3年中，我的盟友名单已经增长到100多人，并且还在不断增加。

无论老师、学员，还是盟友，只要用心经营，他们都有可能成为我们的贵人。因此，我们必须有意识地与这些人建立共赢的关系。

团队战略：小团队，大成就

在个人IP的快速成长之路上，一个不容忽视的痛点是：**个人的力量终究有限。要实现个人IP的飞跃式发展，善用小而美的团队至关重要。**自媒体的超级个体时代正在落幕，团队化运作逐渐成为行业的新标配。

为何这么说呢？因为超级个体的崛起，本质上是流量红利的产物。早期，由于平台尚未成熟，许多个体能够凭借个人能力吸引大量的流量，实现高额的营业额。随着平台的日益完善，越来越多的专业团队开始涌现，个体在流量获取上的竞争优势正在逐渐减弱。

以商业陪跑为例。全案陪跑包括商业设计、打磨产品、撰写文案、制定销售策略、执行发售等诸多环节，一个人很难独立完成。我要做的是找到能把事情做好的人，并进行完整的培训，使其与岗位相匹配。这样一来，我只需专注于自己最擅长的部分——商业模式的顶层设计和项目的整体布局。

个体实力固然重要，但在当前的创业环境中，组建一个小而美的团队更为关键。**这将是未来个体创业的主旋律。**

因此，无论目前处于何种阶段，都应该着手搭建自己的创业团队。

在创业之初，我就着手团队搭建工作。起初，我组建了一个线上兼职团队，随着收入的稳定，我开始转向全职团队建设，逐步发展到现在的线下全职团队。至于何时开始搭建团队，没有标准答案。但从创业之初，就应该有意识地布局团队建设。

如果年收入已经突破了30万元，或者希望提供更高客单价的服务，搭建团队尤为迫切。此外，成功打造第一个商业闭环后，可以将其标准化，以分配工作给团队成员来完成。这样，你就能释放出更多的时间和精力，专注于更重要的事务，如进行战略规划、关键决策和高质量内容的创造等。

本章精华

创业的万丈高楼如何起？首先要搭建一个好的商业模式。本章介绍了5种创新升级的商业模式，旨在深化服务、精准操盘、确保成果，直击用户的核心需求。这些模式跨越健身、心理学、社群运营、线下瑜伽等领域，可供参考。

除此之外，我们还揭开了五大战略锦囊的神秘面纱：基本功战略、线下战略、感性化战略、共赢战略和团队战略。每一个战略都是提升产品价值、增强市场竞争力的法宝，将指导我们在市场中以更高的价格、更优的品质赢得客户的青睐。愿我们都能不断精进自己，成为创造高能量、高客单的IP。

第4章

磨产品：3个核心打通变现闭环

有了定位后，就进入了核心——打造产品。这并不是一件容易的事情，本章将揭秘如何打造自己的产品，跑通变现闭环。

构建知识体系：4步塑造专业权威

产品是变现的核心，否则，用户无法通过产品与你做价值交换。然而，打造产品是有壁垒的，这个壁垒就是知识体系。在打造产品前，我们应该先考虑建立自己的知识体系，因为碎片化的知识无法形成核心竞争力。个体轻创业的超级核心，就是构建一套自己专属的知识体系。

这套体系必须好记、好用，这样才有利于传播，如大众所熟知的波特五力模型。该模型由迈克尔·波特提出，主要用来分析一个行业的基本竞争态势，对企业制定战略产生了深远影响。又如由管理学家戴明提出的PDCA模型，该模型也被称为“戴明环”，主要用于解决质量管理问题，类似的模型和方法论非常多。

这些模型可以帮助我们更高效地解决各个领域的问

题，是一种非常好的知识体系体现形式。

此时，你可能会质疑：模型一般都由专家们提出，普通人也可以提出吗？答案是肯定的。

每个人都有独特的思考和行事风格，把自己认为特别有效的思考和行事逻辑整理出来，分享给更多人，并得到认可，就可以影响和帮助更多人。那么，普通人如何快速、高效地建立知识体系呢？我总结了以下4个步骤（见图4-1）：

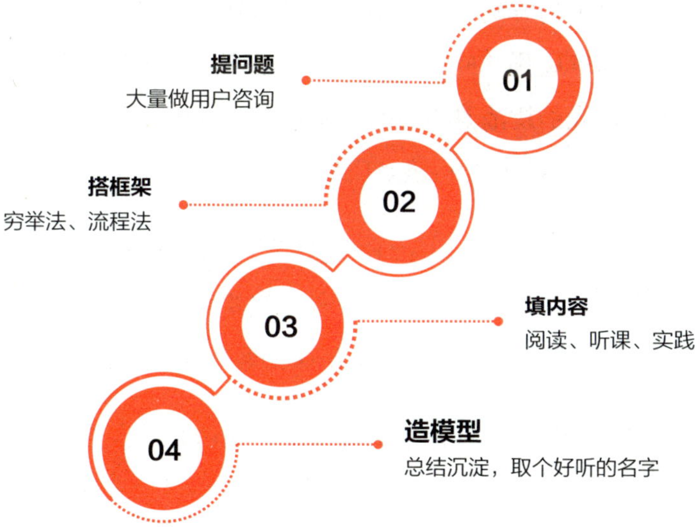

图4-1　普通人建立知识体系的步骤

提问题：好问题带来好答案

要想得到好答案，首先要提出一个好问题。混沌学园的创办人李善友教授说：“如果你不知道那个终极问题是什么，答案将毫无意义。”每个知识体系，每个思维模型，都是为了解决某个问题而存在的。所以，**你的知识体系是否有价值，在很大程度上取决于你提出的问题。**如何才能提出一个好问题？

最简单的方法，就是用思维导图列出要实现的某一目标，必须解决哪些问题，用穷举法全部列举出来。在此过程中，最大的挑战是根本穷举不出来，或者不确定穷举出来的问题是不是用户的痛点问题。

有一种方法可以让我们快速真正了解市场——做咨询。通过咨询，可以深度了解用户真正想要解决的问题，在不断思考、反馈的过程中，我们解决问题的能力也会提高。

我从2021年6月开始做线上个人品牌打造及个体轻创业相关的咨询，目前已经做过3000多个小时的咨询，平均每天2～3小时，高峰期每天咨询时长会超过8小时。我也因此受益颇多。

一是我打造出了更符合市场需求的产品。在做咨询的过程中，我们会深入了解用户的核心需求，总结出大部分用户的前3个核心痛点，就可以打造出一款好产品。

C栈从做年度社群到聚焦个体创业闭环陪跑，产品价格翻了20倍，但比以前卖得更好，主要原因在于产品提升了解决问题的能力。

二是我的市场敏锐度以及解决问题的能力越来越强。以前我要花1小时才能帮学员捋清楚的问题，现在用10~20分钟就可搞定。

三是我能更迅速找到精准用户。在做一对一咨询的过程中，我与学员可以更好地建立信任关系，我们也会判断出产品与学员的适配度。

总之，打造知识体系的第一步，就是提出一个好问题。**大量做咨询，就能收获很多好答案。**

搭框架：搭建知识结构

如何快速、高效地搭建一个有体系的框架？我目前主要用到的有两种方式：穷举法和流程法。

穷举法也称暴力法、蛮力法。

简单来说，**就是要解决一个问题，要把所有能想到的方法全部列举出来，然后分析每种方法的可行性。**

例如，要做一场公开的产品发售，目标是招募1000人，这个目标该如何拆解？

我们可以运用穷举法列出所有能够招到人的方式，并为每一种方式设定一个具体的目标。具体可以有哪些方式呢？暂且分为公域和私域两个大通道。

如果把私域定义为微信生态圈，我们可以尝试列举具体方式：朋友圈、公众号、视频号（短视频、直播）、私聊、社群、企业微信、学员裂变……

如果我们将公域定义为除微信外的其他流量渠道，可以考虑小红书、抖音、今日头条……公域平台很多，这里就不一一列举了。

我们怎么做最后的模型选择呢？可以选出最主流、目前使用最多的方式。如果以私域为主，就会用到上面提到的7种渠道。

使用穷举法，如果要严谨一些，就会用到“MECE

原则”。

MECE即Mutual Exclusive Collective Exhaustive，意思是“相互独立，完全穷尽”，即把能够想到的方式全部列举出来。

流程法也是一种常见的搭框架的方法，即在做某一件事的时候，按照既定的某一流程来执行。例如，把大象关进冰箱，一要打开冰箱门，二要把大象放进去，三要关上冰箱门。

这就是流程法。

流程法应用也很普遍，如上面谈到的PDCA模型，就是用的流程法：计划（Plan）、执行（Do）、检查（Check）、处理（Act）。

又如一场百万发售的执行落地流程：筹备期—预热期—宣传期—发售期—追销期—复盘期。

学会以上两种搭框架的方法，基本上就能搭建出逻辑清晰的框架了。

填内容：丰富知识体系

框架搭建好后，我们要进行内容填充。具体该如何填内容呢？

如果你在这个领域已经有很多积累了，只需要把方法用搭框架的维度讲清楚就行。如果对该领域没有太多的实战经验，就要获取该领域的知识。

接着讲前面谈到的私域招生的7种渠道，如果这7种渠道都是我擅长的领域，分享起来就没有什么难度，要考虑的是如何使颗粒度更加细化，更便于用户理解，并且可以落地。

在这个阶段，我们还可以找做得非常成功的老师进行专项学习和打磨。通过专项学习，我们各项能力会变得越来越强。

造模型：形成独特的知识模型

有了内容之后，如何造模型？

针对前面谈到的私域招生，可以总结出一个“私域招生北斗七星”模型。先来看一下我为何如此为模型命名。

私域招生有7种渠道，看到“7”这个数字，我第一时间会想到北斗七星。

接下来，我们要看看这个模型主要能解决什么问题。

因为这个模型主要解决私域招生问题，我就简单粗暴地将其命名为“私域招生北斗七星模型”。

关于模型命名，通常可以从数字、颜色、字母等领域扩展，如4P营销理论、情绪ABC法则、SMART原则、六顶思考帽（蓝、白、黄、黑、绿、红）等。

接下来，我们只需要对模型的具体使用方法做详细分析就可以了。

4个维度，层层递进构建产品体系

产品体系一般有两种类型：横向产品体系和纵向产品体系。

横向产品体系做的是宽度，例如，一个购买时间管理产品的用户可能还会有目标管理、精力管理、家庭教育等方面的需求，如果把这些产品都做出来，可以让用户持续消费，延长用户的生命价值。

实际上，我并不赞同个体创业者上来就打造横向产品体系。在一项咨询中，学员告诉我，她可以承包高端职场女性的各项服务，她擅长商务礼仪、商务宴请、红酒品鉴、服装搭配、美妆等板块。她分别列出了这些板块的课程体系，我看得头昏眼花。如果不了解，会以为这是一家上百人的公司。

这样打造产品体系，看起来全面、专业，可实际上会给招生和交付带来很大的问题。每款产品独立存在，每款产品都要招生、交付，如果要做好，每款产品都需要一个团队。此外，过多的产品，也会模糊用户对你的专业定位。

如果一定要把擅长的内容都给到用户，建议把这些服务打包进一款产品，主推一个核心价值，其他的作为附加价值。

纵向产品体系做的是深度：体验品、小爆品、增值品、锚定品，层层递进，形成一个自动成交闭环（见图 4-2）。

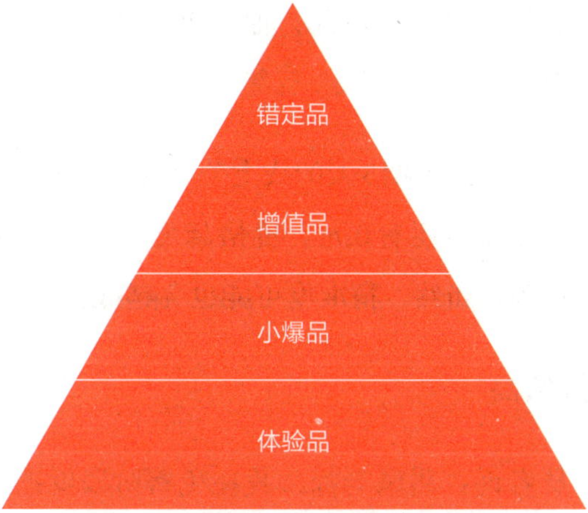

图4-2　4款产品，形成自动成交闭环

个体创业者如果有多款产品，一定要打造纵向产品体系。需要谨记的是，只有做好前端产品，才会有人为后端产品买单。

体验品：创造难忘的用户体验

体验品主要有四大特征：价格低、价值高、入口大、关联强。

1. 价格低

一般来说，体验品的价格都比较低，甚至会免费。例如，一些餐厅的低价引流品，原价20元的菜品只卖1元，每桌限一份。

我也经常举办为期3天的线上公开课，价格99元、39.9元、9.9元、1元，还有0元。价格越低，推广难度越小，参与的人越多。当然，精准度可能也会越低。

2. 价值高

有学员咨询：甜风老师，我在免费阶段就把这么高价值的内容分享出去，是不是对付费学员不公平，也会降低用户的购买欲？对此，我的理解是：

- 体验品本就是用来“验货”的，如果没有高价值，用户可能继续购买产品吗？
- 时间很宝贵，别人愿意花时间体验产品，就必须让其体验到价值。

我会不断地更新迭代，每次都会分享最新的知识、经验，所以，免费阶段分享付费内容不会影响对付费学员的公平性和学员购买欲。

推广体验品，需要抓住两个核心：传美名、卖产品。传美名，即实实在在让用户受益，他们会给予正反馈，还会自发传播。卖产品，即用户体验到了产品价值后，继续购买产品。

每两个月，我就会做一场为期3天的公开课，让学员体验产品并进行交付。由于种种原因，一些学员暂时不能购买后端产品，但是，他们从体验品中收获了可以落地的内容。也有学员过一段时间后来反馈成效。**只有体验品为用户提供难忘的体验，用户才有可能购买后端产品。**

3. 入口大

体验品要符合当下的市场需求。例如，“个体创业如何实现从0到1”“10倍营收增长的商业闭环课”“私域爆单营”。这些话题是大多数人关注的话题，推出相关体验品，可以带来很多相对精准的客户。

4. 关联强

关联强，指体验品必须跟主营产品相关联，以确保后端产品有机会成交。例如，我推出的公开课“个体创业如何实现从0到1”“10倍营收增长的商业闭环课”“小而美创业创富”等，都和后端产品“C栈轻创闭环陪跑”有强关联性。

此外，**体验品可以有多种形式，包括书籍、公开课、咨询、线下沙龙等。**

在后面讲成交的环节中，会具体谈到如何打造高转化率的体验品，如果你迫不及待想知道这个部分，可以直接翻到第5章。

小爆品：打造市场爆款，扩大影响

小爆品具有一定的普适性，边际成本不高，具有抓痛点、强刚需、高附加、有故事四大特征。在个体创业领域，多以课程产品、训练营产品、圈子类产品呈现。

前几年，很多人都知道一款市场爆品——洛可可的55度杯。孩子要喝水，但水刚烧开，可能会烫到孩子。使用55度杯摇一摇，水温就会变成55度。为此，洛可可的创始人贾伟讲述了一个特别打动人心的故事。

有一天，他两岁多的女儿要喝水，爷爷倒了一杯刚烧开的热水放在桌子上，杯子上有根绳子刚好坠下来，孩子伸手拉绳子，水杯倾倒，孩子的脸、肩膀、手臂，都被烫伤了。因为这次经历，贾伟有个想法：做设计十几年，每天都在为了满足别人而设计，为什么不为自己的需求设计一个东西？于是，就有了55度杯。

该产品设计出来后广受欢迎，不仅可以让100度的开水快速变成55度，还可以让0度的冰水快速变成55度。有了这个杯子，人们可以随时随地喝到温水。

我在创业第一年打造了一款关于个体轻创业的年度社群，主要考虑开启个体轻创业不仅需要一些落地经验、行业内的最新资讯，还需要一个好圈子，这是启动个体轻创业的刚需产品。这款产品有十几项权益，不仅涉及线上社群，还涉及线下沙龙，还有社群好物分享、流量共享等在我看来很有吸引力的权益。

为了招募更多人，我定了一个很低的价格：1980元/年。

在发售期，我结合自己的成长经历，赋予这款产品一个很好的故事。仅靠朋友圈转发，就吸引了50多位用户支付。这款产品持续了两年，扩大了我的影响力。

如果流量可以持续，这个年度社群可以招到人。1980元的价格当然可以，但如果流量无法支撑我招到很多人，去除运营、服务费，这是一款没有利润的产品。社群产品的边际成本很低，但需要很强的流量支撑。

我一直有一个心愿，把C栈打造成个体创业充电第一站。为此，必须做一款客单价不高的圈子产品。经过两年的实践，我还是放弃了这个念头，因为目前的流量无法支撑我做好这款产品，也就没能打造成市场上真正的小爆品。

后来，我分析了原因。互联网有头部效应，市面上的圈子产品、课程或训练营产品太多，很多人买了课程没时间听，进了社群没时间参与互动。相较于有粉丝基础、更强势能的大咖们来说，我的付费社群没有太大的优势。

因此，我选择放弃这款产品，专注做客单价高的陪跑产品。

大咖们粉丝多，可以做录播课、直播课和社群，流量大必然要面对一个问题：无法为用户提供一对一的辅导。有些大咖会安排团队给用户做一对一辅导，但用户都是冲着大咖来的，最终却接触不到大咖本人。这就是市场的痛点。

因此，我采取“错位竞争”策略，不跟他们正面交锋，做定制化服务、陪跑，主攻初创业者、腰部以下小品牌。

增值品：提供超越期待的价值

增值品要以结果为导向，给用户提供深度服务，客单价也相对高一些。我们现在做的“C栈轻创闭环陪跑”就属于增值品。这款产品基于我们在行业的经验，深度服务用户，帮助其更高效地拿到更好的结果。

2023年，我们的年营收是2022年的3倍，最重要的是，我们做了新的战略选择：放弃想打造成爆品的“小爆品”年度社群，专注做高客单的个体轻创业闭环陪跑产品。要做成这款产品，需注意以下几个方面。

- 有结果，有被验证的方法，且愿意毫无保留地分享给别人。
- 筛选客户。打造一个团队，选、用、育、留人，选人占70%。做高客单产品，选择对的用户很重要。
- 不断打造案例。有结果、有案例，是一款高客单产品得以延续的关键。

增值品具备卖点强、交付强、稀缺感三大特征。

增值品的客单价较高，必须有强卖点，才能吸引需要的用户。高客单的产品必须做好交付，让用户拿到结果，才能获得好评，增加复购和转介绍。因为重交付，时间稀缺，增值品自然稀缺。

锚定品：锚定更高价

在现在的知识服务市场上，还有一类产品叫锚定品，可以是私塾、操盘合作、战略股东等，客单价一般在20万元以上。打造这类产品，关键在于在市场上有较深的积累，有能力且别人信任你有能力帮助其拿到更好的结果。

锚定品一般具有四大特征：门槛高、服务深、超级稀缺、超高交付。

锚定品无论价格，还是用户筛选，要求都更高，用户选择起来也会更谨慎。如果没有强大的信任基础，没有足够价值的服务，锚定品未来产生退款、拉扯的可能性非常大。

今年，我也打造了第一款私塾产品，在还没有正式对外发售时，就有4位老学员直接升级报名了。

在创业初期，没有足够的势能得到高客单用户，也可以先打造一款这样的产品，既是一款面向客户的“锚定品”，也可以激励自己快速成长。

以上就是我对产品体系的一些理解，目前，除了体验品，C栈只有2款产品：个体创业闭环陪跑和商业私塾。

这两款产品，层层递进，只要做好个体创业闭环陪跑的营销和交付，学员就会自动升级到商业私塾。

产品落地：避开三大执行坑，确保成功实施

矩阵虽好，全面丰富，但在具体落地层面，还要因地制宜。

1. 集中“火力”，聚焦打造一款尖刀产品

巴菲特的伯克希尔哈撒韦公司是小而美的典范。这家公司仅有25名员工，却管理着万亿美元的资产。巴菲特的成功秘诀之一就是专注于“甜蜜区”，即核心竞争力，集中资源和精力，创造出巨大的价值。这给我们的启示是，创业者应该专注于打造一款能够深入市场的尖刀产品，而不是分散精力做多个产品。

尖刀产品卖爆后，有足够的精力、财力和影响力，再打造更高利润的产品或扩大产品线。

2. 避开“大而全”交付，专注于深度解决用户核心问题

许多创业者在设计产品时，总担心给得不够，想要把所有东西都交付给用户，美其名曰“更多交付”。“什么都交付”往往会导致“交付不透”，还会把自己弄得疲惫不堪。这种做法会导致产品功能过于复杂，难以满足用户的真正需求。**用户真正需要的是解决某个具体问题，而不是包含所有功能的“全家桶”。**

过度交付不仅会让用户感到困惑，还可能影响他们对产品的信任度。

创业者应该学会简化产品功能，专注于提供用户真正需要的解决方案。这不仅能提高用户的满意度，还能提升品牌形象和市场竞争力。品牌的记忆点一定要清晰明确，功能过多会使品牌标签变得杂乱，导致用户难以记住品牌。“怕上火就喝王老吉”，简单明了，易于传播。

3. 聚焦高价值产品，不过分期待“低转高”的长路线

许多创业者认为，通过主推低客单产品逐步引导用户

升级到高客单产品，是一种有效的策略。然而，这种做法忽视了一个关键事实：**低客单产品的用户和高客单产品的潜在用户往往是两个完全不同的群体。**

我自己就曾陷入这样的误区。我曾尝试通过低客单产品吸引顾客，希望他们升级到更高价值的产品。但最终发现，这种做法不仅效率低下，而且很难实现预期的转化。

如果主推产品是万元以上的高客单产品，无须做过长的“低转高”的链路，要专注于提供真正符合品牌定位和用户需求的高价值产品。至于如何做转化成交，我们会在第5章讲解。

低客单产品会吓跑那些真正有消费能力的高端客户。如果一直以低客单产品示人，那么品牌就会被打上“低端”的标签，无法提供高端客户寻求的与之匹配的消费体验。

从高端市场向低端市场拓展要容易得多。以特斯拉为例，其最初以高端电动汽车的形象进入市场，随后逐步推出了更亲民的选项。从高到低的策略，会强化消费者以更低的价格购买到高端品牌的产品的体验，打造个人品牌也是如此。

产品详情页：从卖点到买点

学会了如何打造知识体系，也知道了如何打造产品体系，接下来最重要的当然是如何打造出一款高价值的产品。

对一款产品来说，最重要的就是详情页。对于个体轻创业来说，**详情页直接代表了一款产品。从某种意义上说，产品详情页的设计，决定了产品的逻辑和价值。**

对于产品，有两种思维模型：

- 卖点思维打造出来的产品，以权益为导向。
- 买点思维打造出来的产品，以交付价值为导向。

卖点思维打造出来的产品，就是提炼产品的卖点。例如，凉茶饮料可将“清凉降火”作为卖点；运动鞋可将“气垫减震”作为卖点；房产可将“户型好，采光好”作为卖点……

买点思维设计的产品会怎样呢？买点思维的设计逻

辑，不是产品有多牛，而是产品能让用户有多牛，如美的的“让家更温馨”，京东的“多快好省”。

卖点思维，产品时代的产物

目前，很多产品的设计思维都是卖点思维。例如，一款训练营产品的产品详情页一般包含6个模块：

- 产品名称
- 讲师简介
- 课程价值
- 课程大纲
- 适合人群
- 价格、时间、报名方式

训练营产品的本质是传授知识，主要通过“直播课程+社群+作业”的方式跟进。一般来说，训练营产品的周期在30天以内，单价比较低，价格在几百元或者一千元出头，适合用来打磨自己的知识体系。

下面是我最开始切入个人品牌赛道时打造的第一款产品（见图4-3）。卖点思维设计产品的逻辑出发点是自己：

我有什么，我的产品有什么优势，可以给你什么权益。例如，一款私董会产品的权益：

××课程全家桶；N场大咖分享；社群、人脉圈；××资料/SOP；专属礼品赠送……

一款完整的以权益为导向的产品详情页，可以包含以下11个模块：

- 用户痛点
- 产品模型及优势
- 创始人简介
- 学员评价
- 用户权益
- 有哪些人已经加入（如果有的话）
- 品牌文化（如果有的话）
- 适合人群
- 价格说明
- 更多问题
- 价格及报名方式

图4-3　卖点思维设计的产品

买点思维，挖掘用户本质需求

以交付价值为导向的产品，就是明确告诉用户，会帮他解决什么问题。

如果说以权益为导向的产品是从卖点出发的话，那么以交付价值为导向的产品就是从买点出发的。

如“C栈轻创闭环陪跑”，这款产品并没有放各种权益，而是直接列出能够解决问题：顶层设计、品牌升级、极简营销、批量爆单（见图4-4）。

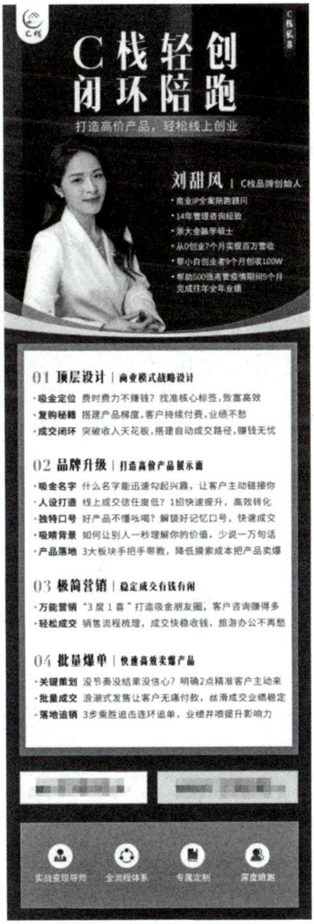

图4-4　买点思维设计的产品

这4个问题是跑通个体创业商业闭环需要解决的核心问题，也是我最擅长解决的问题。

买点思维设计的产品海报更简洁清爽，只有4个模块：

- 产品名称+标语
- 创始人或主IP简介
- 解决的问题
- 产品优势及价格

买点思维打造出来的产品，更聚焦问题，交付也会更高效，因为每次咨询都聚焦解决某个问题，推动某一进度。

很多咨询师都习惯按小时收咨询费，这是卖点思维，对咨询师的时间明码标价。买点思维是，跑通个体创业商业闭环要解决哪些问题，如何解决，需要多少钱。用户需要的不是你的时间，而是帮他解决问题，越高效越好。

黄金3招，打造10倍高客单产品

高客单：小流量大变现的核心秘籍

把99元的产品卖给10万人和把9.9万元的产品卖给100人，哪个更容易？答案可能因人而异，也因产品而异。

99元的产品一般是录播课程，产品只需要卖出去，不需要过多服务，边际成本很低。在流量容易获取的时代，这是非常不错的商业模式，每成交一笔，几乎都是净利润。

近年来，流量获取难度越来越大，普通人要把一份99元的产品卖到10万份，还真不容易。

还有很多人会想，先通过99元的产品建立信任，再升级高客单产品。最后你会发现，买99元产品的用户跟买9.9万元产品的用户不是同一群体，升级难度非常大。由此可以看出，低客单产品会直接过滤掉高端用户。此外，低客单产品还要面临客诉的风险问题，就是因为卖得越多，风险越大。

当然，普通人也没有办法把价值199元课程卖到十万份甚至百万份。

对于小流量IP来说，做知识服务深度交付，既可以走差异化路线，又能打造高客单产品。

定制化：用户只会为结果买单

高客单产品的底层逻辑是，帮助用户节省时间。

从知识付费层面来说，用户需要的不是知识，而是通过知识解决问题。随着知识付费行业的崛起，很多人对知识有了付费的意识，同时也陷入了知识付费的困境：买了很多课，没时间听。

所以，**"知识付费"正在逐步转向"知识服务"，定制化交付的本质就是知识服务。**

定制化交付该怎么做？有没有具体的方法论？有的，就是"梳理流程+建立闭环"。

前两年，私教产品作为知识付费的高客单产品，特别火爆。几乎每个老师都有一款私教产品，私教学员会拥有一个特权：可以私信问老师，或者跟老师约时间进行一对一电话咨询。

很多人问了一段时间后又遇到了新问题：不知道再问什么。

因此，我们便提前替用户梳理好关键问题，然后定制解决方案。

今年，我们打造出"C栈轻创闭环陪跑"这个产品，总结了跑通个体创业商业闭环最需要解决的4个核心问题，并针对这些问题做定制化交付。

用这样的思维，我们帮学员升级了商业模式，打造了高客单产品。

案例解读：传统猫舍一条龙服务

学员小阳本是一名传统的猫舍主理人，按照传统的方式养猫、卖猫。我问她目前最大的困惑是什么，她说卖猫竞争非常激烈，大家都在打价格战，根本就没有利润。

我又问她，你觉得用户把猫买回去之后会遇到哪些难题？或者说我为什么不买猫？我的孩子很想养猫，但我觉得养猫太麻烦，怕脏怕臭，怕猫生病，怕出差没有人照顾……

如果你能帮我解决这些痛点，我说不定也会养猫。基于此，我们打造了一套“朵咪科学省心养猫套餐”，**需求诊断—科学配餐—专业咨询—猫咪托管，提供一条龙服务。**

提供配套服务，至少保证一整年养猫无忧，这就是闭环思维。

“梳理流程+建立闭环”就是预判用户可能会遇到的问题，并帮助其解决关键问题。把注意力放在最重要的20%

上，其他琐碎问题就不是问题了。

很多人都看到了高客单产品的厚利优势，但依然不愿意做高客单、定制化产品，因为耗费的时间太多，营收有天花板。别急，这个问题有解。

标准化：突破创始人时间的“天花板”

只有标准化，才能复制，进而突破创始人时间的“天花板”。

准确来说，**标准化是对外定制化、对内标准化。**学员、用户看到的是定制化交付的整个流程，对公司内部来说，所有环节都用标准化进行了拆解。具体怎么做？

一是找出用户经常遇到的共性问题和个性问题。

二是把共性问题做成课程、SOP、表格，即标准化。

三是个性问题可通过咨询解决。

目前，C栈的交付体系有100多套SOP、100多节课，包括如何做流量、如何做转化、如何做交付等。

这几大板块都是由我先跑通流程，把细节整理出来后进行标准化，再交由团队来做。

例如，流量团队可以保证每个月增长1000~2000个精准流量；进公司两周，转化团队就可以独立成交几万元客单价的产品。

人人都在谈要标准化，如何总结出有价值的标准化流程？

1. 第一阶段：找对标，多模型测试

个体创业者不要急着建立团队，可以先思考产品形态。因为产品模型决定了团队模型。此外，可以思考未来公司需要哪些核心板块，并找到几种团队模型对标。

“主IP+助理”模型，助理主要负责帮IP做一些杂事。这种模型比较依赖IP的势能和影响力，IP本人可以完成流量、转化、交付，团队伙伴主要负责配合，IP的利润会比较高。

“主IP+公司的几大板块分部门管理”，每个部门有侧重点，但相互合作。这种模式需要各个板块都有专业人才，对IP的团队管理能力要求比较高，优势在于团队一旦搭建

起来，就可以实现自运转。

这两种模型没有优劣之分，主要看自己适合哪一种。

梳理出一套最高效的流程后，可砍掉其他部分，聚焦一个点发力。

2. 第二阶段：保留最适合的模型，单点突破

在创业的第一年，我做了两款产品，一款是C栈年度会员（圈子型产品），一款是C栈私董（偏私教类产品）。在营销和交付的过程中，因为团队有限，我只能聚焦发售一款产品。所以，我选择从低到高，先集中推广价格为1980元的年度产品。然而，无论我怎么努力，一次只能卖二三十单。也就是说，一次发售只能做到4万～6万元的营收。加上一对一私董产品，一个月的营收也很难突破10万元。年度社群的续费率也不高。

今年，我专注做高客单陪跑产品，每个月实现30万元的营收比以前每个月10万元还轻松，只需要关注几个学员即可。通过咨询帮学员解决问题，还会给我带来强烈的成就感。

通过对比，我知道自己真正热爱的是什么，怎么做才

能更高效。于是，我开始梳理陪跑的整体流程，总结交付过程中学员会遇到的核心问题，全部做成SOP，先辅导学员跑通，再把流程整理出来交给团队。

3. 第三阶段：标准化，规模化，复制放大，实现高产高营收

如何实现复制扩大？靠团队。

找到个体创业最核心的三大板块，即流量、成交和交付，并把团队力量集中于三大关键事项。多数创业者可以参考我的做法。目前，我建立了团队内部培训流程。流量端、转化端、交付端的小伙伴来公司后，他们只需要解锁对应板块的培训，就可以快速上手。

私教产品为什么会遇到营收“天花板”？因为学员被主IP吸引而来，必须由主IP交付。

有闭环、有流程的定制化交付产品为什么可以无限放大？因为可以复制，不依赖主IP的影响力。

本章精华

打造一款好的产品，首先要搭建自己的知识体系，从而萃取出知识产品，分为体验品、小爆品、增值品、锚定品4种类型。用买点思维写详情页，用户更容易下单。

在知识付费时代后期，我们也推荐大家做高客单产品：对外定制化，做结果式交付；对内标准化、团队化，提升效率。

打造产品，并非易事，我们需要在实践中不断迭代，谨记好产品生长于客户的需求。

第2招

把产品卖出去

第 5 章

强转化：

两种方式，快速成交业绩稳

产品做出来了，接下来最重要的是什么？有人愿意为产品买单，也就是如何卖好产品。

创业一定要得到正反馈，否则很难持续。有人愿意为你的产品买单，就是最好的正反馈。我经常遇到一些有匠心思维的创业者，持续研发产品，持续迭代升级，但就是不去做推广。每次跟他聊，他都会说：这款产品还没有达到理想状态，要再打磨打磨。

实际上，**产品的好没有尽头，只有大胆将产品投向市场，才能根据市场反馈迭代产品。**

如何把一款产品卖好？

本章将给大家提供两种方式：

普通产品的成交方式：朋友圈。朋友圈营销是私域成交的基本功，用来成交低客单产品，并与高客单产品目标用户建立基本信任。

高客单产品的成交方式：3个心法和5个步骤，助力高客单产品，也能实现批量成交。

掌握3步，朋友圈多卖3倍

所有个体轻创业者，特别是做私域的小伙伴，一定都对朋友圈营销不陌生。

在刚加上一个人的微信时，大部分人都会点开对方的朋友圈。通过朋友圈，可以快速建立对一个人的第一印象，会对双方后续关系的建立产生重要影响。

要做好高客单产品的私域成交，必须重视朋友圈。

想要做好朋友圈营销，有3个步骤可以参考：包装引添加、发圈建信任、互动促转化。

包装引添加

包装个人信息，激发别人加好友的意愿，是朋友圈营销的第一步。

私董学员海侠姐，跟我同在一个免费的企业家群，很喜欢我的头像，于是加了我的微信。特别巧的是，几天后，她从朋友圈了解到我们在同一座办公楼办公，又给我发信息，说要跟我见面，我们就这样见了面。后来，我发售年度会员，她立刻加入；2个月后，我发售私董，她又毫不犹豫地加入了。

学习受益后，海侠姐经常在朋友圈推荐我。

大家对线下门店都不陌生，如果想要开好一家店，首先要做的事情就是装修，让用户清晰地知道这家店是做什么的。

朋友圈就像是一家线下门店，一个好的、容易跟用户建立信任的朋友圈店面该如何装修呢？

1. 头像：真人+有亲和力，最好能体现专业性

头像最好是正面照片，最好能够体现专业性：医生可以穿白大褂拍一张形象照；讲师可以放一张在舞台上演讲的照片；健身教练可以放一张能展示好身材的健身照片……总之，头像一定要注重专业性和亲和力。

2. 微信名：定位+名字

（1）微信名=名字+定位。比如，刘甜风丨商业IP全

案顾问；郝校长丨教育升学规划；丸子老师丨亲子绘画。

（2）微信名=定位+希望如何称呼。例如，细胞护肤春琳姐；健康减脂艳霞姐。

3. 个性签名：企业愿景或至理名言

例如，我的个性签名就是：C栈，轻创充电第一站。

个性签名的位置，是传达理念以及文化价值观的广告位，但不建议留自己的电话。

4. 背景图：可以写上标签以及能够解决的问题

通过背景图**明确告诉别人你是做什么的，可以让别人快速了解你。让别人知道你能解决什么问题，可以提高社交效率。**

头像、微信名、个性签名和朋友圈封面，相当于微信账号的基础设施。注册微信账号，应该先把“4件套”搞定。

发圈建信任

加微信后，第一件事可能就是去看对方的朋友圈。我建议把朋友圈隐私设置打开，因为信任是成交的基础。别人对你了解越多，购买行为就越畅通。

此外，要通过不断发朋友圈，全方位建立自己在用户心目中的形象。**在打造线上个人品牌的初始阶段，如何让用户了解、认可你的定位？重复，重复，还是重复。**

如果大家想到个体轻创业，就想到“C栈，轻创充电第一站”，C栈的定位也就占领了用户心智。

正如邓德隆在《2小时品牌素养》中所言：“心智资源是最宝贵的资源。竞争的本质，其实是心智资源之争。”

做个体轻创业，做私域，最简单、直接地占领用户心智的渠道就是朋友圈和视频号。对于如何发好朋友圈，我总结了**“三度一喜”原则，即有温度、有态度、有专业度、有报喜。**

温度。每一个微信账号后面，都是一个有血有肉的人，因此，不能把微信好友只当作流量，要让他们感受到你的温度，如发一些自拍、日常生活片段等。

态度。大家都喜欢有能量、积极向上的人，也愿意靠近这样的人。

每天早上起床后，我会在朋友圈问早安。完成早晨的日课后，我会在朋友圈打卡，很多学员被我的日课打动，也开始每天完成日课，并在朋友圈打卡。

我现在无论多忙，每天早上都会拿出至少一小时的时间进行日课：写日日精进，15~20分钟；冥想，10~15分钟；读《论语》，15~20分钟；运动，20~30分钟。

早起、读书、运动，以及对生活的思考和感悟，都可以作为“态度”在朋友圈展示。展示态度不需要刻意的文案模板，但要用心。

此外，一定要注意分段、排版，注重阅读体验。**如果有金句、重点，可以打上“#”标签。别人在微信搜索相关词条时，也容易搜索到你。**

专业度。每天在朋友圈重复刷专业度，可以用专业占领用户的心智。当用户有需求时，就能够立刻想到你。

在发与专业相关的朋友圈时，可以打上同一个专业标签。例如，在我开始轻创业时，我每天都会写“#每天和甜风一起学习个体轻创业Day×”。我坚持写了500天。也就是说，“每天和甜风一起学习个体轻创业”在朋友圈至少重复了500次。此外，我还经常定位“C栈，轻创充电第一站”，也是在不断植入自己的品牌。

报喜。报喜，就是在朋友圈分享“喜讯”。生活、工作中遇到“小确幸”，都可以报喜：有人买产品、课程了，可以报喜；用户或学员发来心得反馈，可以报喜；用户或学员发生了实质性改变，可以报喜……

如果还没有产品，可以分享自己和亲戚、朋友的喜悦，以及生活中的小确幸等。

报喜，不是一定要卖产品，而是从不同的侧面反映你是一个什么样的人。

报喜文案怎么写？报喜文案分为生活类和成交类两种。生活类的报喜文案，文案走心、真诚即可。

成交类的报喜文案，我一般会用到下面的公式：

高变现力的报喜文案=报喜+痛点问题+痛点场景+产品卖点+冲动点

第一段是报喜段落，主要是引起注意。例如，“恭喜×××”“C栈学员+1”。

第二段是痛点问题，用一句话提炼用户最痛的点。

上了很多课，但不知道怎么落地；想打造线上产品，但不知道怎么做；想打通个体创业闭环，但没有完整的商业模式，也不知道怎么落地。这些都是痛点问题。

第三段是痛点场景，就是带入故事背景。这个场景会让很多人联想到自己。

××是一名专注于汽车行业大客户销售培训的老师，收入不错，但需要常年出差。随着年龄的增加，他不想再完全依赖讲课赚钱，想把线下培训转到线上，实现全球旅行办公的状态。

这段描述可以让用户联想到自己的问题，激活同背景的需求。

第四段是讲卖点，即针对痛点问题，我们有什么样的解决方案，有什么样的效果。

“C栈轻创闭环陪跑”由我和我的团队手把手带教，从顶层设计到品牌升级、极简营销、批量爆单，一步步落地线上商业小闭环。

至于为什么有效，因为我们把自己探索出来的路径毫无保留地复制给你。我们已经帮助很多学员拿到了结果。

第五段是冲动点。

冲动点是激发用户购买欲望的关键。在创业服务中，冲动点可以是——

限时优惠：“本周末前报名，享受早鸟价优惠，节省高达50%的费用。”

独家内幕：“加入我们，你将获得仅对内部开放的行业洞察和创业秘籍。”

名额限制：“为了保证质量，本期课程仅限30个名额，报名从速。”

额外赠品：“前10位报名的学员将获得一次价值1000元的个人品牌咨询服务。”

互动促转化

好的关系，带来好的成交。**为什么你不能成交？因为朋友圈里的人跟你没有关系，没有产生连接。**

在这里，我想向大家传递一个“朋友圈交租金”的理念。

第5章
强转化：两种方式，快速成交业绩稳

如果把微信当作线下门店，店面是不是一定要交租金？

你可以把微信好友当作店主，组织点赞抽奖、邀请好友写评价等活动，或者发起一些能激发互动讨论的话题。微信好友每天看你的朋友圈，这些“小福利”也可以被称为“广告费”。

我经常在朋友圈发布点赞抽奖的内容，有时是一个月的复盘，有时是近期的成长总结，配上吸睛的美图，在留言区写下抽奖规则：为了感恩大家的一路陪伴和见证，点赞这条朋友圈，我会抽出第×位朋友，发一个××元红包，一起见证喜悦。

发红包，可以给点赞的朋友都发，也可以抽取其中几位。这么做的价值在于跟用户互动，让用户见证、分享喜悦。**跟用户互动，是一种非常好地维护用户关系的方式。**

朋友圈成交，主要靠强输出能力，实现被动成交。如果是低客单产品，那么通过朋友圈浪潮式发售，也可以实现批量成交。产品单价越高，朋友圈直接转化的难度就越大。这时，就需要另外一种成交方式了。

高客单产品，如何实现批量成交

朋友圈成交，好比在大卖场卖货，由顾客自己看自己买。我们接下来要说的高客单产品的成交方式，就像专卖店形式。

顾客进入专卖店，特别是高客单的奢侈品门店，会有导购上前询问需求，帮顾客寻找匹配的衣服、包包等。购买全球限量版奢侈品，顾客需要满足一些条件，还要登记、排队等。

由此可见，低客单产品的成交思路和高客单产品的成交思路完全不一样。

大家平时如何实现高客单产品的成交?

朋友圈转化，社群发售，直播成交，一对一私聊成交，语音电话成交，线下拜访成交……

以上方式，你是不是都试过？那你一定也遇到过如下困惑：

朋友圈成交：客户根本不看朋友圈。

社群发售：很多客户不看群，做了有业绩，不做就没有业绩。

直播成交：不敢面对镜头，更不会卖。

私聊成交：聊天可以，聊到产品，客户就不回复信息了。

语音电话成交：打了很多电话，很多人根本就不接。

线下拜访成交：效率太低，成本太高，如果是异地，可能要花好几天时间。

很多个体创业者之所以不敢打造高客单产品，主要是因为不会卖、不敢卖。如何做到批量、快速成交高客单产品？我们将从心法和方法两个层面帮你扫除障碍。

心法篇：3 个心法，打通变现卡点

在做咨询的过程中，经常会有学员反馈：“老师，我不敢收钱，给别人做咨询聊专业可以侃侃而谈，但到了即将要收钱的时候，就自己绕过去，或者完全不知道怎么继续下去。”

不敢收钱，我也经历过，并在持续经历和突破。迈不出收钱的第一步，主要有以下原因：

如果说出口，他不买怎么办？

第一次打造这样的产品，值这个价吗？

如果收了别人的钱，最后服务不好怎么办？

打破变现卡点，可以尝试3个行之有效的方案。

1. 拉高动机，成交才能成就

“我要成交”“我要业绩”，这种索取心理会让我们感觉很焦虑，客户也能感受到。我们需要转变一下思维。“他遇到了什么困难？”“我能帮他做什么？”“我该怎么做才能更好地帮到他？”**我们设身处地为客户考虑，他们也能感受到。**只有成交，你才有机会成就他。当然，我们自身的实际能力也非常重要。作为一名创业者，一定要建立正确的创业观：**踏踏实实打基础，大大方方做成交，认认真真做交付。**

2. 自己付费体验高客单产品

自己付费体验高客单产品，对打通变现卡点也非常有效。

见过别人怎么做，就会懂得如何成交和交付高价值产品。

我在做第一款999元的年度会员前，就购买过8800元的年度社群会员。后来，我想打造一款客单价19800元的私董产品，我又报名了29800元的私董课。在今年打造出客单价超过10万元的产品之前，我付费十几万元买了相关课程。

为什么要这样做？主要有两方面原因：

一是深度体验。通过深度体验学习别人的高客单产品是如何做交付的。如果遇到交付体验不太好的高客单产品，在规避风险之余，还可以思考以下问题：做得这么差，为什么还有这么多的人愿意买单？

二是倒逼原则。高昂的学费，会倒逼自己提高产品和服务质量，以获取更高的利润。

当然，我不是鼓励大家盲目花钱学习。在花钱之前，一定要评估自己的经济情况以及专业基础。

3. 强化收钱动力

有学员跟我说：老师，我敢收钱，也对自己有信心，但收钱动力不足。遇到有些迟疑的客户，我都没动力跟他多说一句。产品够好，能够帮到别人，但又动力不足，该怎么办?

一是要找到心灵扳机，唤醒人生使命。不妨问自己3个问题：

（1）这是我的理想生活吗？我活出人生价值了吗？如果是，可以省掉1/3的努力；如果不是，你必须努力。

（2）这是我要给父母的理想生活吗？如果是，又可以省掉1/3的努力；如果不是，你还是必须努力。

（3）这是我要给孩子的理想生活吗？

如果3个问题的答案均为“是”，就好好躺平吧。如果不是，你没有理由不行动起来。

二是要敢于投资自己，增强自己的配得感。

我是一个特别愿意投资自己的人，因为我希望通过不断学习，为学员提供更好的内容和服务。

所以，打通变现卡点的第三个心法是，通过内外两方面，倒逼自己成为拿结果的人。

方法篇：5个步骤，助力高效成交高客单产品

我们一定要建立一个共同认知：高客单产品的转化逻辑不同于低客单产品。

2023年，C栈转型做高客单产品，跑通了高客单产品成交流程后，我把它称为“高客单产品成交五维模型”（见图5-1）。

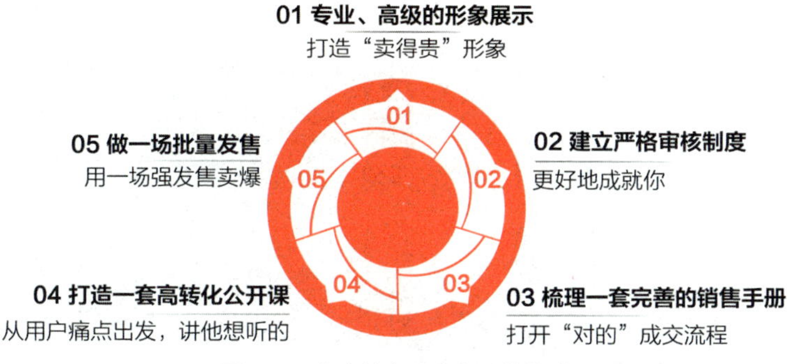

图5-1 高客单产品成交五维模型

1. 维度一：专业、高级的形象展示

想要卖好高客单产品，形象非常重要。同一件衣服，

摆放在不同的位置，会收获截然不同的价格。

个体创业者要把微信当作专卖店、奢侈品店去打造，兼顾专业和美观，主要包括以下3个板块的打造：微信“门面”、朋友圈和产品详情页。

首先，前面讲过微信门面打造，包括头像、名字、个性签名和朋友圈背景。

以下是我们帮学员打造形象前后的对比（见图5-2）：如果有专业需求，你会选择左边还是右边？高端客户希望得到专业的服务，只有展示出专业的形象，才能吸引有需求的高客单用户。

图5-2　学员朋友圈形象对比

其次，朋友圈打造。微信的“4件套”如果是店面装修，朋友圈打造就是进店后看到的货架，产品的陈列方式会影响客户的购买意愿。

前面谈到了“三度一喜”原则，这里就不再赘述了。

最后，产品详情页打造。**产品详情页是让用户了解线上产品的核心通道。**产品详情页是否专业、高级、美观取决于框架、文案和海报设计。

产品章节讲过产品详情页的设计思路：卖点思维和买点思维。如果做高客单产品，建议采用买点思维设计产品详情页。**高客单产品用户算的是投产比：投出一笔钱，能解决什么问题，带来多少回报。**

很多人具备专业能力，但不知如何用文字、图片展示自己的专业价值，不擅长视觉化营销。

在陪跑学员的过程中，我们非常重视挖掘用户的核心价值和能力，并帮助其呈现出来，让更多人一看就明白。

专业的事情要交给专业的人做。如果你不擅长写商业文案，可以请专业的商业文案老师协助。此外，要请专业的海报设计师完成海报设计。产品详情页使用时间较长，要注重是否美观，是否符合品牌调性。

C栈的品牌色是海洋蓝，选择这个颜色主要有两个原因：

一是希望我和团队能一直秉承海洋丰富、毫无保留地“给”的本质。

二是蓝色是商务色，象征着专业。

有了可以代表品牌的颜色后，微信店面、朋友圈、产品详情页设计，可以全部采用该色系，彰显品牌文化和专业形象。

2. 维度二：建立严格审核制度

有学员问过我：老师，我现在敞开大门都招不来人，哪里还有客户可以审核？

事实上，越审核，越有助于成交。因为用户知道你不会饥不择食。如果不对客户进行筛选，给钱就收，你可能会遇到完全不同频的人。

做高客单产品，一定要树立一个观念：如果帮不到你，我就不收你。帮不到用户，不一定是我们的专业能力无法匹配他的需求，也可能是这个人能力欠缺，或对我们的信任度不够，或观念不一致等。

我们可以思考一个问题：企业选、用、育、留人，以结果为导向，哪个环节最重要？选人，占70%。同样地，做高客单产品，特别是需要推动用户拿结果的定制化产品，一定要重视选人。

严格审核机制，是对学员、交付都负责任的制度。那么，建立审核的原则是什么？有没有统一的标准？答案是没有统一标准。但是，C栈会拒收以下几类人：

一是基础太差。个人基础太差，难以达到预期目标，与其让他进来坏口碑，不如直接拒绝。

二是没有决心。学员个体创业的决心不够，遇到困难容易放弃。

三是过度内耗。无论商业模式设计得多好，他都有理由拒绝推向市场。

四是行动力差。说起来头头是道，做起来各种阻碍。

五是严重负债。如果一个人严重负债，需要借钱上课，一定会把我们当作救命稻草。若没能拿到预期的结果，他就会崩溃，彼此消耗。

审核制度如何执行？可分为两步：

第一，让学员填写咨询申请表。通过咨询申请表，我们可直接筛选掉暂时不合适的人，比例一般为60%～70%。

第二，一对一咨询。了解用户痛点、需求，以及我们到底能不能帮到他。如果他身上有一项以上拒收群体的特征，可能就是我们暂时帮不到的人。如果确实可以帮到他，而且彼此同频，我们就会坦率地告诉对方，将如何帮他。

别人为什么要接受你的审核？后面的三个维度非常重要。

3. 维度三：梳理一套完善的销售手册

我遇到很多创业者，没有一套完善的销售打法，成交全靠运气。有些创业者虽然成交能力很强，但成交方式无法复制，创业很多年，还是没有团队，或者招1～2个助理做一些支持配合型工作。做流量、做成交、做交付，这些重要的工作都由创业者自己完成。这样的模式很难再往上走。**从百万元走向千万元成交，最重要的就是建立系统、打造团队。**

一家创业公司需要建立的第一个系统是成交系统。在建立成交系统，首先要梳理一套完整的销售手册。

C栈从2023年起专注做高客单产品，打造出来的成交流程，让我有了招聘团队的底气。依靠这套成交流程，新伙伴基本在两周左右就能独立成交几万元客单价的产品。当然，这些伙伴本身能力就很强，我们只是对其进行专业培训，给一套完整的销售手册。

销售手册如何打造？一套完善的销售流程，一般包含以下6个步骤：**建立权威—诊断问题—挖掘痛点—了解目标—给到方案—给到福利。**我们也称之为“顾问式成交”。

（1）建立权威。建立权威是成交流程中非常重要的环节，也是经常被忽略的一环。顾问式成交的隐含假设是：“我是这个领域的专家。”

要达成顾问式成交，首先要建立权威。

在帮用户做咨询之前，可以先发一份简介给对方，最好发一些成功案例。**在咨询过程中，顾问一定要掌控全局，不能被用户牵着鼻子走。**

如何掌控全局？可以提前告诉对方沟通流程，沟通多久，提醒用户认真回答问题，以便做分析和评估。同时，可以提前告诉对方，在做分析和评估的过程中，如果发现自己后续的产品可以帮助到对方，会在第二个部分详细说明将如何帮对方。当然，如果帮不到对方，交流可能到第一部分就结束了。

很多学员表示，给别人做咨询，要成交时会觉得不好意思。

在顾问式成交过程中，你已经在前3分钟内明确表示，无论合适还是不合适，都会坦诚相告，后面的成交也是自然而然的事。

（2）诊断问题。在跟用户沟通的过程中，一定要先问对方遇到了什么问题。最厉害的销售，不是说得多，而是问得多。有的用户对自己的问题认知不准确，上来就问“怎么做流量”。

如果顾问只回答怎么做流量，那么这场咨询肯定是失败的。

如果只是流量问题，用户没必要来做咨询，从一些关于流量的课程中就可找到答案。

也就是说，**学员的问题可能不是真问题。**因此，我们要继续询问：产品是什么？客单价是多少？平时通过什么方式转化？转化率怎么样？在此过程中，我们经常会发现，用户连产品都没有。

所以，问题比答案更重要。如果问题都错了，或者用户根本不知道自己的真问题，解决方案更是无从谈起。在诊断问题环节，我们要从高维层面帮助用户判断真问题。

怎么提高诊断问题的能力呢?

一要大量做咨询，实战多了，会提升对问题的敏锐度。

二要提前列出大多数人面临的问题，以及容易进入的问题误区。

一般来说，在诊断问题环节，我就可以判断出是否能帮到用户。

（3）挖掘痛点。一个人是否选择购买一款产品，取决于产品能否解决他的痛点。

在介绍产品时，不需要展示产品的全部，只需要展示用户关注的部分。通过对问题的诊断，我们可以确认用户要解决的核心问题，以及为什么要解决这个问题。

（4）了解目标。解决问题，不仅仅是为了解决问题。

了解用户的目标或理想状态，也是判断、评估产品与用户的匹配度的重要途径。

了解用户的目标，明确了产品要带领用户达到的理想状态，你就可以问：现状怎样？从这个阶段到理想状态，还欠缺什么？明确了这些目标，才有机会带领用户跨越所有问题，达到理想状态。

（5）给出方案。了解用户的目标之后，我们发现用户的目标跟产品的契合度很高，接下来要做的就是定制一套解决方案。

（6）给到福利。**给福利，就是给用户一个下单的理由。**很多时候，虽然已经明确了可以提供哪些帮助，但对方可能还存在很多犹豫的点。

这时，我们要问对方，是否还有疑义，如果有，让对方尽管提出来。如果没有，可以给对方一个立马下单的理由，如价格优惠、福利赠品、特殊待遇等。

成交到这个环节还没有结束，在我的团队，学员会在这个环节支付审核金，我还会跟他交流一次，判断其是否与我们匹配：如果合适，那么直接告知对方合适，可以直接补款；如果不合适，就直接退款。

在陪跑学员的过程中，我们会按照这样的思路帮助他们定制成交流程，并带领他们做成交话术对练打磨（见图5-3）。

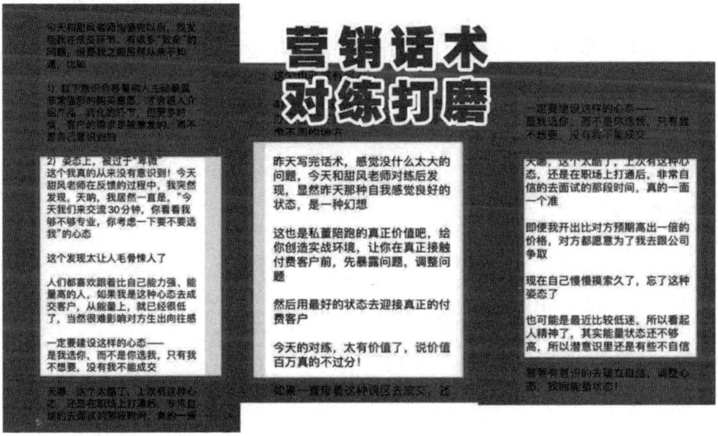

图5-3　成交话术对练打磨

如果你也想要这套顾问式成交话术模板，可以关注我的公众号，回复关键词"成交"。

4. 维度四：打造一套高转化率的公开课

用户没有听过相关课程，通过1小时的咨询直接进行转化，信任度难以支撑成交高客单价。

所以，我们一定要打磨出一套高转化率的公开课，旨在传美名、卖产品。

传美名，核心在于真能给用户带来启发。

“老师，交付课的内容要在这个环节说吗？如果公开课就给出那么多干货，别人会不会就不买后续的产品了？我该怎么把握这个度？”你遇到过这样的卡点吗？真相是：

（1）学员知道不等于做到，后续产品里面有更深度的服务。

（2）顾问也需要不断成长迭代。掏空自己，会倒逼自己学习新的知识，尝试新的方法。

（3）内容越有价值，别人才会越信任你。真诚、善良是最高级的套路。

（4）同样的内容，公开课的授课逻辑需要改变一下。**这个逻辑就是要清楚目标用户的痛点：**他们最想解决什么问题？经常踩哪些坑？有哪些可以颠覆用户认知的点？解决方案是什么？

把以上问题解释清楚，就可以打造出一套转化能力很强的公开课。

痛点问题+颠覆认知+金句+解决方案

痛点问题+颠覆认知+金句+解决方案

痛点问题+颠覆认知+金句+解决方案

一套转化能力强的公开课要把这个公式循环3次。如果公开课是3天，那么可以结合产品的3个交付维度做3堂课。

例如，“C栈轻创闭环陪跑”主要的交付维度有以下4个模块：

顶层设计：商业模式战略设计，包括定位和具体执行计划。

品牌升级：对外形象展示，包括产品打造。

极简营销：销售流程梳理，以及话术的打磨对练。

批量爆单：群发售，包括怎么打造高转化率的公开课。

我的公开课经常围绕高价值定位、商业模式、产品打造、高客单产品成交、如何批量成交、高客单产品如何交付等方面展开。

我只需要每次从中选3个模块，每天讲1个模块即可。

在每个模块中，只需要将“痛点问题+颠覆认知+金句+解决方案”这套公式重复3次。按照这个模式，我的公开课就能够让用户受益。

5. 维度五：做一场批量发售，引爆业绩和流量

有了一套很棒的公开课，如何一次性让很多人听到，并且批量成交高客单产品？做一场批量发售，可以结合朋友圈+社群+直播进行。

很多个体创业者听到发售就紧张，从未做过一场发售。有学员问我：“老师，我一定要做发售吗？我创业1年多，没做过发售，好像也行。”我说：“是的，你一定要做发售。”

做发售能给我们带来哪些好处呢？影响力升级，品牌或产品升级，提升团队能力，实现营收增长，快速裂变流量……

做发售，会倒逼我们找更多人来听课，我们可能通过朋友圈、公众号、视频号、直播等渠道宣传，发售也是让微信好友跟我们产生深度连接的机会。

怎么才能做好一场批量发售？

前面给大家分享过一个模型“私域发售六脉神剑”，其实就是一场发售需要把握的6个核心阶段：筹备期、预热期、推广期、发售期、追销期、复盘期。

（1）筹备期，先胜后战。在这个阶段，我们需要确定发售活动的主题、大纲、目标、产品、需要用到哪些物料等，如果发售前后持续一个月，筹备期最少需要1周的时间。

（2）预热期，广引流多种草。如果写了个人品牌故事文章或者专门做了短视频，预热期就是专门做品牌故事推广，通过品牌故事与用户建立信任。此外，还可直接将公开课链接附在品牌故事后面，有人看到后可能会直接下单。

做品牌故事，不仅可以让我们出圈，也方便他人转发，**与转发公开课海报相比，人们更愿意转发品牌故事。**

（3）推广期，多维度触达更多人。有多少人参加活动，对最终的发售结果至关重要。我们要根据自己的营收目标以及过往的转化率，拆解本场活动需要的人数，再根据需要邀约到场的人数拆解到各个渠道。

例如，做一场线上分享会，目标是邀约1000人，我们可以运用穷举法，列出所有能触达的渠道，再根据资源情况拆解在每个渠道可以邀约到的人数（见图5-4）。

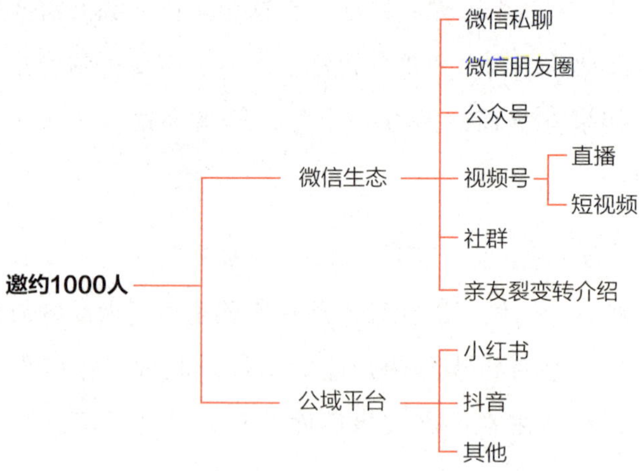

图5-4　邀约渠道拆解

4. 发售期，引爆听课现场。在发售期，也就是讲公开课的时间，可以设置3天讲课+1天答疑，在给干货的同时，解决用户疑问，最终目的是让有意向的客户直接下单。

为期3天的公开课，无论课讲得多好，都会出现每天听课人数逐步递减的情况。如果有把握，最好第一天就开始推广产品。如果只在最后一天推广，可能会错过有意向的客户。

有学员问："第一天就推广，会不会影响用户体验？"对此，做一个连贯的转场就好了。我通常会这么做：讲完一个多小时的干货内容后，先问学员收获了什么。很多学员会在评论区给予正反馈。然后，我会直接跟学员说："讲了那么多干货，接下来给我10分钟，我给大家分享一下我们未来可以怎么深度帮助到你，没有兴趣的小伙伴现在就可以直接撤场。"

这样说完之后，不愿意听的就直接走了，实际上，大多数人都不会走，都想看看如何销售高客单产品，产品会做哪些交付。

（5）追销期，持续亮灯"成交信号"。对于低客单产品，讲完课后，在群内接龙、造势非常重要，因为客单价不高，群内的氛围会带动一些还在犹豫的人立马下单。

但是，做高客单产品，不要过度依赖现场成交，因为很多学员可能没有听直播，对此，可以做3件事：进行一对一咨询转化；朋友圈发布下单情况；请往期拿到结果的学员继续在群内做分享。

这样就把前面讲的成交方式全部串联起来了。

（6）复盘期，用足“余热”效果。过了追销期，把所有用户都跟进一遍，发售的结果基本上就出来了。

接下来，就是沉淀发售经验，把每一次经验整理成SOP，下次还能延续使用。如果每次都有新的思考、方法迭代，那么批量发售的能力也会越来越强。

此外，还可以把复盘做成分享会，吸引用户来听，可进一步激发目标客户的下单意愿，充分运用余热效应，再“烧开一壶水”。

本章精华

做好强转化，只需把握2个关键要素：一个是用好朋友圈，另一个是批量成交高客单产品。

朋友圈营销，要坚持“三度一喜”原则，培养信任，强化互动，自然引导成交。做高客

第5章

强转化：两种方式，快速成交业绩稳

单产品，要先攻破内心的“拦路虎”，主动付费体验，强化收钱动力，从形象展示、建立审核制度、梳理销售流程、打造高强化公开课、做批量发售5个方面入手，助力高效成交高客单产品。

第6章

做运营：

掌握4个环节，实现高效快速涨粉

在“流量为王”的思维模式下，很多人会有一个认知误区：开始个体创业后，第一件事就是做流量。

事实并非如此，**个体创业要的不是粉丝，而是变现。**因此，个体创业首先要考虑变现路径。确定产品后，可以先卖一下试试，看看身边的这些人愿不愿意为其付费，然后再考虑流量从哪儿来的问题。

如果产品特别适合在私域卖，做私域流量就好。

2021年9月1日，我正式开始创业，微信好友只有4000多个。10月，我的个人品牌故事文章正式发布，很多朋友转发，我自己也发了20多条朋友圈，当天就有50多位朋友买了1980元的年度社群，实现了10万元以上的变现结果。

我把这次推广称作“朋友圈浪潮式发售”，没有建群，没有讲课，仅靠一篇文章在朋友圈刷屏。现在回顾此事，做得实在“粗糙”。为什么如此粗糙，还能有相对不错的正反馈呢？

主要原因在于我有第一波储备流量，这是我在过去十几年资源累积的变现。**只要有一定的积累，都可以做一款产品，并在自己原有的私域进行测试。**

第6章

做运营：掌握4个环节，实现高效快速涨粉

这一波转化完成后，又会面临什么问题？答案是流量的获取。

常见的获取流量的平台有抖音、小红书、视频号、公众号、头条号、快手等。

如果后续想做高客单产品，无论在哪个平台，都要引流到私域。如何把私域流量做起来？

很多时候，公域的100万名粉丝抵不上微信的1万个精准好友，因为微信好友可以随时触达。

创业3年时间，我一直专注做私域，从拥有4000个微信好友做到拥有7万多名私域社群成员，营收也由十几万元突破到百万元，再到数百万元。

在本章，我会分享一些实现私域增长的方式。

私域意识，让微信好友快速增长

在讲方法之前，我想先分享一个理念：**做私域最重要的是“意识”，就是意识到一件事很重要，并且愿意持续去做。**

在创业之前，我的私域意识也不强，否则也不会用了10年微信，只有4000多个好友。有了私域意识后，我用了2年多时间做到了5万人私域。现在我掌握了一些方法，预计再有一两年，我的私域就可以突破10万人。10万个微信好友的价值远超公域里面的100万名粉丝。

在做咨询的过程中，很多学员问什么时候开始做第二个微信。我的建议是，如果微信好友超过2000个，就可以申请下一个账号了。如果每天增长5～10个，微信好友很快就会超过2000人了。此外，养号也需要时间，刚申请的微信账号，功能容易被限制，也容易被封号。从长远来看，可以多养一些微信号。

为了更好地可视化，我专门做了一个表。助理会把上个月的私域情况统计在表格里（见表6-1）。有了这个表，我可以清晰地看到私域上个月的增长情况，并总结上个月做了哪些动作。**做表、列数据的最大价值在于：根据数据总结规律，在正确的事情上持续发力。**

表6-1　私域情况统计

统计日期	微信名	目前好友数	相比上月增长人数	主要渠道	负责人

第6章

做运营：掌握4个环节，实现高效快速涨粉

4种涨粉方式，平稳又有效

结合他人和自身实战经验，我总结了4种平稳有效的涨粉方式：购买、创造、交换、裂变（见图6-1）。

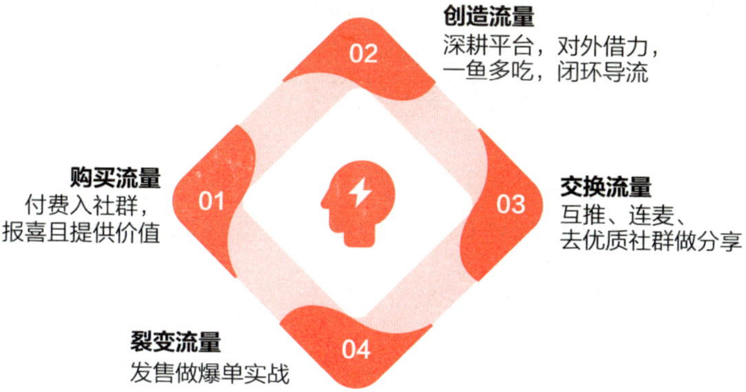

图6-1　4种平稳有效的涨粉方式

购买流量：投流带来私域增长

提到购买流量，大家可能会想到去公域投流。公域投流可以做，前提是能够留住流量。如果卖的是课程、咨询，特别是高客单价的知识产品，投流效果可能不会太好。

2021年，线下门店生意不好做，大家都在做直播，一个做服装生意的朋友也请了团队做直播。团队+投流，一年成本100多万元，但收回来的款不足百万元。

投流效果不可控，需谨慎判断。

对个体创业者来说，价值更可控的买流量的方式是付费进社群，连接同频流量。付费进社群有以下几大好处：

第一，付费是对群主的认可，如有需要，群主也会支持你。

第二，社群的价格就是门槛，经过筛选的用户，其价值观、能量场都比较一致。

第三，社群一般都会提供一些干货分享，可以学习到该领域的专业知识。

根据自己的营收情况，建议每年拿出10%左右投资自己，可以有一部分是投资进社群。

在起步阶段，如果还没有自己的产品，不建议进一些付费很高且营销氛围比较重的社群。

我在创业刚起步，势能还比较弱的时候，花了5万多元进了一个群。进群后，很多同学发起私聊，想让我买他们的课，导致我压力很大。

我们需要做的是打好基础，打造出自己的产品，跑通第一个商业小闭环。只有自己变强了，才有机会跟厉害的人同频。

进了社群，如何善用社群？一是听课，学习老师的好内容；二是强化与同学的连接，获得优质的同学资源。

参与社群，最忌讳的就是悄悄听课，不给反馈，暴力加好友；最好的方式是及时反馈，让群内的同学愿意主动靠近你。加入付费社群之后，如何让更多人主动添加你为好友呢？

答案是要重视微信的门面装修；允许陌生人查看10条朋友圈；用心经营朋友圈；报喜+感谢+分享干货；主动给同学提供价值。

前3条已经讲过了，这里主要分享报喜和主动提供价值。

1. 社群内主动报喜

报喜的底层逻辑是正反馈。得体、优质的报喜，是非常好的杠杆，对老师、群里的同学以及报喜的人，都有好处。

对于老师来说，正反馈是肯定，也是成功案例。

对于群里的同学来说，报喜可以激励他们，干货分享能给他们启发。

对于报喜的人来说，发声就是在打造影响力。如果老师接收到你的成长情况，并把你的故事发布在他的公众号、视频号、朋友圈，有助于扩散你的影响力。

当然，报喜一定要真诚、用心。

这里有两个受欢迎的报喜模板：

模板一

拿到结果：感谢+结果呈现+改变细节+总结干货

感谢××老师，用了你的××方法，让我获得了××结果（结果和群主题相关）。

具体做了什么事，用了××方法，发生了哪些改变（可以是自己的改变，也可以是帮助客户取得的改善）。

针对这次成果，我自己也做了一些经验总结：

（1）……

（2）……

（3）……

我发现只需要优化××，听话照做，就可以得到很好地改善，再次感谢老师！

模板二

认知颠覆：听了什么课（一句话）+曾经的困扰+如何被打开+行动计划+感谢

听了老师××课（××分享），感受太深了，我曾经就是因为××，一直做不好××，听完课，终于知道××卡住了我自己，困扰我这么久的问题，终于解决了。

准备怎么做（可以结合课程讲到的颠覆性内容）：

（1）……

（2）……

这些就是我听完课/分享之后的思考方案。

我发现只需要优化××，就可以得到很好地改善，再次感谢老师！

2. 给同学提供价值

有些同学经常在社群中提问，看到这些提问，很多人会选择忽略。

如果你刚好可以回答同学的问题，不妨认真回答这些问题，既可以替群主分担工作，又可以给同学留下“友善、热心肠、专业”的印象。

创造流量：通过好内容吸引关注

如何拥有源源不断的流量？一定要学会创造流量。如何创造流量？**一要拥抱平台，二要生产内容，三要深耕一个平台。**

小红书、抖音、今日头条、视频号、公众号……这些平台都可以给我们带来流量。想要有持续的流量，一定要学会主动拥抱平台。

平台不同，机制和调性也不同。即使是同一平台，随着时间的推移和规则的变化，流量也会发生变化。一般来说，初期可以多研究几个平台，把同样内容同时发布到各个平台进行测试，看哪个平台更高效。接下来，就深耕一个平台，内容在其他平台同时分发。

目前，我主攻私域，主要选择是视频号、公众号。其实，做内容不是我的优势。在创业初期，我没有团队，什么都要靠自己，时间根本不够用。

如何在时间不够、做内容没优势的情况下，把流量做起来？我的答案是要拥有持续生产内容的能力，一定要掌握3个核心：学会借力、一鱼多吃、闭环思维。

1. 学会借力

2021年3月的一个周末，我去参加秋叶大叔的下午茶活动，他建议大家做连麦直播。我回来就发起了“连麦100位有故事的创始人”的连麦直播，持续做了一年半，共连麦过150多位“有故事的创始人”。

这件事对我而言意义重大。

第一，做连麦直播，只需提问即可，接下来便由创始人们讲述自己的故事。自己不用做太多工作，就可以留住直播间的观众。

第二，在跟每位创始人连麦的过程中，他们的粉丝会看到我，我的粉丝也会看到他们，可以扩大彼此影响力。

第三，我的直播能力逐步提升，从不敢面对镜头，到一个人直播，再到突破了10万元、20万元GMV。

连麦直播就是很好的借力思维。每次连麦后，我会把跟嘉宾对话的内容整理成文章，发布到公众号，公众号的内容就有了。因为文章记录和总结了嘉宾所讲的内容，嘉宾也乐意帮我宣传。连麦的一些精彩片段，我也会让助理剪辑出来，发到视频号上。

2. 一鱼多吃

我的公众号、视频号内容，在很大程度上都是靠连麦直播做起来的，这就是一鱼多吃。因为做直播，我被越来越多的人看见，也收到越来越多的连麦邀请。2022年4月，宠物行业头部IP郝波郝总的小助理给我发私信，想邀请我跟郝总连麦，分享我的创业故事。

不擅长做直播的传统企业老板，如何快速扩大影响力？答案是做一档访谈栏目，邀请各行业的IP连麦。

3. 闭环思维

闭环思维是最重要的思维之一。

例如，做短视频，一定要在下方挂链接。有人说，别人如果想找你，一定会通过视频号找到你。在链路这件事上，每多一个节点，就会流失 50% 以上的用户。让想靠近你的人用最简单、高效的方式找到你，这就是闭环思维。

案例解读：如何从公众号源源不断导入好友

用户关注我们的公众号后，都会收到一条系统自动发送的信息：

你好，我是甜风，C 栈品牌创始人。这是一个不服输的女孩的故事：

14 年前，我还是一名职场小白，初出茅庐，自卑内敛，对生活和未来充满焦虑和迷茫。《刘甜风：12 年深耕，大山里飞出的总经理到轻松对接百万生意的个人 IP 私教，值钱的个人品牌是如何打造的！》

现在，我是一位个人品牌顾问，从 0 到 1 启动线上创业，从职业经理人转型为创业者、创业导师。

我将自己的经验总结成可快速复制的方法论，目前已成功帮助上百人启动个体轻创业，实现收入翻番。

回复关键词“创富”，即可免费获取价值1980元的《10倍营收倍增的商业闭环课》，每天仅限10人。

很多学员收到信息后，都会回复“创富”两个字，公众号后台又会自动发送我的个人简介以及个人微信二维码。

通过这种方式，只要有人关注我的公众号，就会有新朋友添加我的微信。我们现在来拆解一下自动回复的文案模型：

我是谁+曾经的我+现在的我+可以帮助你解决什么问题+见面礼

为什么采用这个模型？因为我们的用户主要是初创业者、个体IP创业者，我的成长轨迹，可以让很多人产生共鸣。

此外，我们要注意深耕一个平台。人的精力有限，很难做到所有平台全面开花，如果能够坚守一个平台，并做到最好，也会有源源不断的流量。

大咖们都是在一个平台火了之后，其他平台的流量也被慢慢带起来，**所以，一定要提前布局，持续在平台分发**。我发现，一份内容在一个平台上火了，在其他平台也同样受欢迎。

做内容必须会写作，很多学员问我："老师，我不会写，怎么办？"我最初也不擅长写作，创业2年时间，写了超过50万字，通过不断输出，打造了自己的影响力，也实现了线上创业破局。对于写，我有一个重要的认知：不考虑文笔，不考虑措辞，只需要想如何真诚地表达与分享，**好文章贵在真诚**。

如果能结合"磨产品"章节谈到的打造模型的方法，创作能力会再升一级。

拍视频、写文章、做直播，是线上创业者的必修课。可以从最简单的写朋友圈做起，每天写200字、300字、500字，慢慢突破。千里之行，始于足下，路虽远，行则将至，事虽难，做则必成。

交换流量：交换的不止流量，还有能量

流量不是实体物品，换出去就没有了，而是越交换越多。

我的私域从4000个微信好友增长到5万个，一个重要的方式就是交换流量。交换流量主要有3种方式：**朋友圈互推；直播连麦；去优质社群做分享。**大家可以选择最适合自己的方式，先动起来，再慢慢迭代。

这3种方式的核心要素是，要有生产好内容的能力。

1. 朋友圈互推

朋友圈互推，是微信涨粉的高效方式之一。一个能量很强的老师推一次，可能会让你增长一两百个微信好友，甚至更多。因为互推的人势能不同，互推的结果也有较大差异。对此，要放平心态。自己慷慨帮助别人，最终会收获别人的支持。

在互推的过程中，文案和图片最为关键。

互推文案最好自己写好，并找好9张图片发给对方，让对方帮你推。请同一位老师帮我们推，文案好与不好，

结果完全不同。

互推文案，不仅要展示自己多么厉害，还要让别人知道你能创造什么价值，以及添加你的微信能获得什么好处。

2. 直播连麦

直播连麦的目标不同，邀请的连麦嘉宾及交流的形式也会不同。

如果是因为自己不擅长直播，想连麦嘉宾提供内容，并通过这种方式跟连麦嘉宾有深度连接的机会，邀请的嘉宾一定要有较强的输出能力、控场能力。

如果想跟连麦嘉宾互推流量，在连麦之前，可以约定本次直播的共同目标。在交流的过程中，可分别问对方3个问题，双方都有展示自己的机会，也都会吸引到跟自己同频的人。

在连麦期间，如果企业微信可以直接弹窗，可以让用户直接添加弹窗出来的企业微信。**为了吸引更多用户，可以为添加企业微信的用户提供一份小礼物。在企业微信后台设置自动回复，把个人简介+个人微信二维码发给用户，让他们主动添加你。如果企业微信没有弹窗，可以引导用**

户去视频号主页添加。

3. 去优质社群做分享

付费加入一些社群，有时候会收到主办方的邀请，在群里做一场分享。分享结束后，会有很多新朋友添加你的好友。为了扩大影响力，可以跟自己能量相当的老师互相约定，去对方的社群做分享，不仅为对方的粉丝提供了更全面、优质的内容，也为自己的粉丝增加了学习的窗口和机会。

裂变流量：通过公开发售实现指数增长

做一场可以裂变的活动，能够实现私域高效涨粉。

2022年5月，我们做了一场“私域爆单营收倍增私享会”，共有400多人参加。20来天的时间，新建的3个微信添加了800多位新的微信好友，企业微信也增加了1000多位新好友。

在这个过程中，我们要设计一些裂变机制，让一些陌生用户参与进来。

（1）在公开课开始推广之前，可以专门发起一个招募信息，招募参与裂变的朋友。

（2）在公开课正式推广之后，可以编辑一条裂变信息，邀请所有已经购买的朋友参与裂变。

（3）在开课后，可以邀请上课的学员发朋友圈，通过朋友圈进行裂变。

设置裂变机制，要抓住3个核心：第一，明确规则；第二，明确利益；第三，给足价值。**利益清晰，价值越大，规则越明确，裂变效果越好。**

案例解读：私域爆单实战营

以“私域爆单营收倍增私享会”为例，分析如何做裂变。首先，我写了一篇公众号文章，招募一些朋友参加私域爆单实战营，全文如下：

与各路私域成交高手一起搞事，提升私域成交能力的绝佳机会来啦～

事件背景：

2021年9月1日，我全职开启个人轻创业，7个月时间，营收突破7位数。

2021年3月15日—4月24日，视频号直播40天，直播间GMV突破30万元。

很多朋友都私信问我：怎么做到这么快的突破？

这段时间，我花了很多时间复盘，也跟很多直播间成绩很好的老师进行交流。我发现，这些结果的呈现，不能光用直播概括，而是“社群+直播+朋友圈”共同发力的结果。

所以，我决定在5月17—20日做一场“私域爆单营收倍增私享会”，毫无保留地把我的私域成交经验分享给大家。

这4天的分享，原价888元，前200人秒杀价8.8元。为了影响和帮助更多人，我决定招募各路私域高手跟我一起做推广。

也就是说，我们会提前启动“私域爆单实战营”供大家实战，接着给大家上“私域爆单营收倍增私享会”，带大家完完整整实操一遍。

此外，我还邀请了几位私域成交高手，把我们这些年的成交经验毫无保留地分享给你，并教你如何推广只需8.8元的“私域爆单营收倍增私享会”。

前期的边学边练+私享会的深度私域爆单拆解，十几天参与下来，你的成交能力一定会有质的飞跃。

收获：

除了锻炼成交能力，赚到佣金，你还能获得什么？

（1）能在“私域爆单实战营”结识其他私域成交高手，跟他们相互交流学习。

（2）除了甜风本人，我们还会邀请3～5位私域成交高手，分享他们的私域成交秘诀。

（3）甜风请了专业的私域操盘团队、专家，会在群里给大家答疑。

（4）实战业绩满20份的老铁，送2本甜风精选的打造个人品牌必读书籍。

（5）实战业绩满50份的老铁，可以得到2本甜风精选的打造个人品牌必读书籍和甜风4个微信号的私域推广一次。

（6）实战业绩满100份的老铁，会享受2本甜风精选的打造个人品牌必读书籍；甜风4个微信号的私域推广一次；甜风的一次专访，并帮你发公众号以及所有自媒体进行推广；甜风专属1对1咨询一次（60分钟内，价值1万元）；“私域爆单实战营”成交高手奖杯。

费用：

不需要8888元，也不需要888元，您只需要支付600元押金，就能免费参加（押金在结营后3天内退还）。

时间安排：

5月5日20:00开营，5月15日20:00结营。

报名方式：

添加下方芙米微信，暗号（私域爆单实战营），她会发申请表给你。

我们会在收到后的一个工作日内告知录取结果。

通过这篇文章，我们招募了55人。接下来要做的是高效带领大家一起做事情、拿结果，让大家都能够收获成长。

我们的实战周期是10天。前3天，让大家自由发挥，遇到困难及时在群内反馈；第4～9天，每天早上6:30开早会，分享做推广的实战经验，可以邀请之前做得好的朋友进行分享，会对团队有很好的激励作用。

通过招募并激发这些实战营“铁军成员”，我们的企业微信和个人微信短期内就增加了共计2000多个好友。

本章精华

做个人品牌运营，要有私域流量意识，增加微信好友是运营的基本盘。

分享4个有效的涨粉方法，购买流量、创造流量、交换流量、裂变流量。加入付费社群，通过主动提供价值、报喜吸引群友；学会借力，一鱼多吃，充分闭环公域流量；利用互推、直播连麦、去优质社群做分享等方式吸引人，还可以通过发售实战营裂变流量。

第 7 章

善传播：

3 步点亮品牌记忆

在商业世界中，品牌传播被誉为成功的关键。伟大的品牌超越了单纯的产品销售，是传递故事、激发情感、创造价值的媒介。比尔·盖茨曾经强调："在现代商业中，没有传播就没有生存。"这一观点对个体创业者同样适用。

当我们将自己视作一个品牌来经营时，精心打造和管理"个人品牌"至关重要。有效的品牌传播，不仅能够让产品在竞争激烈的市场中脱颖而出，还能创造出不可替代的价值。

以下3个关键步骤，助力品牌传播：

（1）讲一个好故事，为品牌注入生命力和情感，使其更加生动、有吸引力。

（2）加强品牌背书，增强品牌信誉，扩大品牌影响力。

（3）构建三环生态，通过一致而连贯的品牌体验，强化品牌的记忆点，让品牌形象深入人心。

掌握并运用这3个步骤，让品牌在消费者心中留下不可磨灭的印记。

讲一个好故事，用故事赢得人心

故事能激发人的好奇心，唤醒人类的无限情感和本能欲望。好故事成就好品牌。在品牌建设过程中，讲好一个故事，能够赋予品牌鲜活的生命，先来看两个案例。

案例解读：褚橙的故事——励志人生

为什么褚橙能够以十几元甚至二十元一斤的高价卖出，而市场上的常规橙子单价仅为几元钱？

褚橙不仅是一个橙子品牌，还是情感与传奇的象征。褚橙的独特之处不仅仅在于味道，更在于其品牌故事。

褚时健的一生跌宕起伏，他于古稀之年再出发，踏上全新的创业旅程。

褚时健的奋斗精神与坚持不懈的努力已经融入每一颗褚橙。当我们享用褚橙时，品味的不仅仅是口感，还有这段饱含情感与希望的品牌故事。

这个故事告诉我们，品牌的力量不仅在于产品本身，更在于背后的情感与故事，它们是品牌价值的传播者，也是品牌议价能力的构建者。

案例解读：LV（Louis Vuitton）的经久传奇

这个故事起始于泰坦尼克号，一个至今仍然充满传奇色彩的沉船事件。在沉船的一百多年后，一支探险队冒险前往搜索泰坦尼克号残骸。在海底深处，他们打捞出一只箱子。这个箱子被打开后，人们发现，里面的物品非常干燥，且保存完好，甚至包括一幅女性的裸体画。面对保存得如此完好的物品，人们不禁好奇：到底是什么品牌的箱子，能够如此出色地保护内部物品？

这个箱子正是LV的皮箱。

这个故事，不仅成为品牌传播的经典案例，更成为品质与价值的象征。通过这个故事，人们理所当然地认为LV的箱包拥有卓越的品质，因为它们能够经受得住时间的考验。当然，这并不意味着其他品牌不具备出色的质量。实际上，市面上有很多不太知名的品牌或者手工制作的箱包，同样拥有卓越的品质，这些品牌与LV的差距就在于品牌故事。

LV的品牌故事赋予了产品独特的魅力，使得购买LV箱包成为一种连接传奇和历史的体验。

这个故事告诉我们，品牌故事不仅是一种传播工具，更是引起情感共鸣的桥梁，能够让消费者与品牌建立更深层次的联系。

这两个故事都阐释了品牌故事的力量，不仅令人信服，还让品牌享有议价的能力。**在很多情况下，不能仅用价格去衡量产品，因为产品是情感、价值和故事的综合体现。**

追求卓越的产品，如何定价往往是一个敏感而关键的问题。定价不仅要考虑生产成本，还要考虑市场需求、品牌溢价等。

好产品的价格计算公式通常被表述为：

好产品的价格 = 成本 × N（$2 \leqslant N \leqslant 3$）

这个公式通常适用于一般产品，获得适度的利润，同时保持合理的价格。然而，当产品不仅仅是一种商品，而是一段故事的组成部分时，情况就会发生变化，因为好的品牌故事可以为产品创造额外的价值，从而提高其价格。

好产品 + 好故事的价格计算公式如下：

好产品 + 好故事的价格 = 成本 × N（$20 \leqslant N \leqslant 100$）

这个公式突显了品牌故事的强大影响力。一个优秀的品牌故事，不仅仅是一种营销手段，还赋予了产品情感、价值和吸引力。

故事构建：掌握4个关键因素

要打造一个成功的品牌，必须拥有一个引人入胜的品牌故事，与受众产生共鸣，激发情感，并传递价值。

个人品牌故事跟公开课一样必须实现两个功能：传美名、卖产品。

要实现以上两个功能需掌握4个关键要点。

1. 共情的角色

创始人要塑造一个颇具共情力的形象。可通过描绘人物特质、情感、愿景、梦想等方式，让受众产生情感共鸣。**此时，你不仅是你，而是代表一群和你有相似价值观的人。**

2. 真实的情感

真实的情感是故事的灵魂。受众更容易被真情实感打动，进而产生情感共鸣。

3. 重要的瞬间

个人品牌故事可以强调一些关键时刻，或者是生活中的转折点、关键决策，或者是成功或失败经历。**这些瞬间会赋予故事一定的戏剧性，从而让故事更加引人入胜。**

4. 特定的细节

在个人品牌故事中使用具体、生动的细节丰富故事，包括地点、人物、对话、感官体验等，这些细节让故事更真实，更有说服力。

案例解读：个人品牌故事让公众号涨粉超过1000个

创业之初，因为一个个人成长故事，很多人认识了我。在这个故事里面，我分享了自己从山村女孩一路奋斗到总经理，又勇敢裸辞创业的故事。“离开平台我是谁？”这句话引起了很多人的共鸣。

“妈妈说，就算砸锅卖铁也一定要读书，女孩子一定要读书。”“刚进入职场时，担心我养不活自己，父母劝我回老家。”这些场景都给受众留下了深刻的印象。

在这篇文章中，我还记录了人生中的很多重要瞬间：从大山到城市求学的历程，充满挑战；决心留在南京买房；从最基础的销售工作开始，经历了挫折和努力，也取得了好成绩；辞职创业。

这些特定的细节、重要的瞬间、真实的情感使我的故事更加生动，更能引起读者的共鸣。

我的微信公众号“甜风说个人品牌”于2021年8月底正式开始运营，在10月发布文章时，只有100多个粉丝，因为这篇文章被很多人转发，一天时间阅读量就突破了7000人次，公众号涨粉超过1000个。

“英雄之旅”：5步绘制故事蓝图

我们可以用好莱坞“英雄之旅”模型来写个人成长故事，我整理了5个核心步骤，供大家参考：

1. 第一步：起始世界

在这一步，描述起始点，可能是迷茫、无助的时刻，生活似乎平淡无奇。

例如，在一份令人沮丧的工作中，怀疑自己是否能够实现更多。

2. 第二步：呼唤冒险

在这一步，表明如何意识到需要做出改变，并寻找出路。

例如，开始感到内在的渴望，渴望追求个人激情和目标。

3. 第三步：接受挑战

在这一步，描述为应对挑战采取的实际行动，包括学习新技能、采取大胆的举措等。

例如，开始积极学习，探索新机会，并找到了人生的导师。

4. 第四步：巅峰冲突

这一步的内容是故事的高潮，包括采取了重要的行动，做出关键的决策，最终突破难关。

例如，决定创立个人品牌，建立了自己的人设，获得了商业成果。

5. 第五步：持续转型

在这一步，描述转型的结果，如何达到了理想状态，以及如何持续发展。

例如，以更丰富的经验，持续发展个人品牌，并帮助他人实现成功。

这样的故事结构有助于展示成长旅程，使个人品牌故事更加引人入胜。

我把我的品牌故事以及比较典型的学员成长故事结合模型打包在一起，如有需要，关注“甜风说个人品牌”微信公众号，回复关键词“品牌故事”，就会收到这份礼物。

加强品牌背书，只需强化这3块

在扩大影响力的过程中，为什么要强化背书，如何强化背书？

先来谈谈为什么要强化背书，因为别人对你的印象是你管理出来的。

以我为例，熟悉我的朋友或许会认为我是一个非常专业、勤奋、靠谱、自律的人，这些印象可能来自我在朋友圈、公众号以及短视频的呈现。

但在另一半眼中，我可能是一个“不太会做家务”的人，甚至还有一点点“懒”。这个判断也来自我在家里的状态。我很少下厨或做家务，宁愿请人来打扫。实际上，我不是不会做家务，而是时间、精力非常有限。

父母一直觉得我“太过单纯，容易受骗”，是个“孝顺懂事的女儿”，这些印象源自我在父母面前的表现。

所以，要主动经营别人对你的印象。

对于个人形象管理，可从形象管理、专业积累、工具运用3个方面入手。

形象管理：塑造积极的外在形象

我们常说，美也是一种生产力。人们喜欢美丽的事物，所以，要确保外表整洁，体现专业素养，且具有亲和力。因此，可以请一个形象设计师进行形象设计，并拍一张能体现专业特征的照片，穿着、表情、拍摄场景都应与职业相关。

要注意保持形象一致。在不同的社交平台或场合保持一致的形象，有助于加深他人对你的印象。如果在不同的平台使用不同的头像，尤其是差距较大的头像，会导致别人对你印象模糊。

此外，形象照和真实形象差距不宜太大，形象照可以化妆、修图，但不能太过。

在互联网时代，频繁更换形象照片或个人资料，不利于建立稳定的印象。建议一张形象照至少使用一年，我的形象照已使用多年，很多人线下见到我，一眼就能认出来。

专业积累：构建品牌“4层楼”

以上谈及的是“外在印象”，接下来，我们谈一下“内在印象”，也就是别人对你的“专业印象”。

在刚开始打造个人品牌时，感觉别人有一堆头衔，自己好像啥都没有，对此，不要焦虑，只要有意识地积累，你的头衔会越来越多。

职务、技能、专业证书、学历证书、与大咖合影、名人背书、在大企业的工作经历、过往成就事件、获得荣誉、社会身份……

这些都可以作为背书，可以把背书做成多种形式：几行字、一页纸、一个品牌故事、一条短视频、一本小册子。不同的形式适用于不同的场景，我还特意总结了图文版背书的“4层楼”：

1. 一楼：3个标签

我们在第2章讲定位时已经讲过如何树立标签，可参考相关内容，给自己树立3个标签，凸显自己的专业性。

2. 二楼：一页纸

可以用几组数据在“一页纸”上展示自己。这几组数据可以呈现你专注解决什么问题，与你建立连接的好处等内容。

3. 三楼：一个品牌故事

通过这个品牌故事，可以让用户快速、全方位了解你。

4. 四楼：一本小册子

这本小册子可以帮助别人快速了解你的背景、实力，有利于快速达成合作。

背书并非一蹴而就，需要一步一步地积累出来。**简历暂时不够亮眼也没关系，可以在不断积累的过程中更新迭代，这也能侧面反映我们的成长轨迹。**

工具运用：4个工具巩固品牌基础

除了“外在印象”和“内在印象”背书，在新媒体时代，我们还需要善用四个工具，传播和夯实品牌。

1. 视频

每个人都可以从5个维度录制视频，可以是短视频，也可以是长视频，全方位打造人设：

（1）个人简介。在起步阶段，如果预算有限，10年体是很好的品牌故事类型，如“一个普通女孩（男孩）的10年”。如有条件，也可以请专业团队拍摄。

（2）兴趣爱好。可以使用视频分享兴趣爱好，展示多面性。这样的视频能够吸引与你有共同兴趣的观众，建立更深层次的联系。

（3）体现专业素养。视频要强调专业领域，展示专业知识和技能，可以分享该领域的一些专业知识，特别是颠覆认知的观念。

（4）客户见证。让客户分享与你合作的经历，以及产品或服务的成效，借助客户展示影响力。

（5）产品或服务。介绍产品或服务，突出独特卖点和如何满足市场需求。

从这5个不同的维度录制视频，可以全方位展示自己，与观众建立更深刻的联系，同时强化品牌形象。

2. 表情包

可以直接使用手机上的拍照软件（美图秀秀、激萌相机等）拍摄一组表情包，也可以聘请专业人士设计，制作一套独特的表情包。将这些表情包用于社交媒体和聊天中，不仅可以让聊天更有趣，还强化了个人品牌形象。**这些可爱的元素还能为你的形象增色。**

3. 金句卡

创作体现个人特色的金句卡也非常重要。把独特观点、经验或启发制作成卡片，既可以用于社交媒体上的图片帖子，也可以在线下活动中拍照使用。此外，还可以把金句卡制作成扑克牌，作为周边产品送给粉丝。金句卡不仅可以提供价值，还能强化个人品牌形象。

4. 日签

用自己的照片或者唯美的图片，加上一句发人深省的金句或警句制作日签，附上品牌Logo、公众号或者视频号二维码，有助于吸引更多关注，学员也会转发或收藏。我们团队每周都会花时间制作日签，每天早上在朋友圈及各个社群发送，这也是品牌传播的重要途径。

通过运用以上工具，可以巧妙地强化品牌形象，以更有吸引力、更有趣的方式传达个性和观点。

构建“三环生态”，让品牌强势出圈

学会了传播品牌，还需要强化品牌记忆点。关于如何强化品牌记忆点，我总结了“三环生态”：品牌定位、品牌取名和品牌传播（重复），如图 7-1 所示。

图 7-1　强化品牌记忆点的“三环生态”

品牌取名：好记大于一切

品牌定位已在定位环节专门讲过，这里不再赘述。

我们来谈一下品牌取名。一个品牌能否快速传播，关键在于名称是否好记。

品牌名称的力量不容小觑，能够在短短几秒钟内左右消费者对品牌的第一印象。**一个好的品牌名称，不仅要易于记忆，还要能够激发情感和想象。**以下是一些全球知名品牌的命名艺术：阿里巴巴，源自一个广为人知的中东故事，唤起了探险和发现宝藏的想象，容易让人铭记于心。亚马逊，以世界上流量最大的河流命名，象征着企业的广阔和深远，同样易于记忆。苹果，简单直观，成为全球性的标志性品牌。耐克，取自希腊胜利女神的名字，代表速度和胜利，具有强烈的形象感。红牛，源自古希腊神话中充满活力的灵兽，同时与我们熟知的动物相联系，易于形象化和记忆。

这些名称的共同之处在于，都具有"好记"这一特质。除此之外，还具备两个关键特性——**熟悉感和形象感。**熟悉感让品牌与消费者的日常经验相联系，形象感则通过直观的联想激发情感。

例如，天猫、小米、三只松鼠、喜马拉雅，这些名称都与我们熟悉的事物相关联，不仅易于记忆，还带有亲切感。这种亲切感是品牌与消费者建立联系的桥梁。

我的品牌“C栈”，灵感来源于史蒂芬·柯维的《第3选择》，“C”代表的就是“第3选择”。那段时间，“B站”很火，也让我联想到了“C栈”。

“C栈”传达了一个理念：生活不是非黑即白的，黑白之间是彩虹；人生不是非A即B的，还有C栈。

C栈品牌标语是：“C栈，轻创充电第一站。”

一个好的品牌名称，能够迅速抓住人心，为品牌故事的讲述与传播打下坚实的基础。

品牌传播：“五个一工程”打造品牌声浪

在营销领域，脑白金无疑是一个史诗级别的成功案例。史玉柱在著作《史玉柱自述：我的营销心得》中分享了脑白金如何迅速占领市场的策略，这些经验给了我极大的启发。基于此，我总结出了品牌传播的“五个一工程”，并将其应用于个人品牌构建。

1. 一个问题

明确品牌要解决的核心问题。脑白金解决的是年轻人节日送礼的难题，品牌定位和战略方向清晰。**C栈品牌致力于帮助个体创业者实现轻创业的突破，清晰界定了品牌使命和行动路线。**

2. 一个句子

创造一个简洁有力的口号，使品牌更易于传播。例如，脑白金的“今年过节不收礼，收礼还收脑白金”，以及蜜雪冰城的“你爱我，我爱你，蜜雪冰城甜蜜蜜”。我的品牌口号是“C栈，轻创充电第一站”。

3. 一个画面

选择一个能够代表品牌的颜色，如C栈的深蓝色，象征着知识的海洋。这样的视觉锤能够帮助人们将品牌与特定颜色联系起来，增强品牌记忆。

4. 一个时间

选择一个核心时间段集中推广品牌。脑白金在春节和中秋这两个送礼高峰期间集中投放广告，通过短短30天的集中宣传，实现了全年业绩的突破。我在创业的第2个月，用一天时间在朋友圈转发个人品牌故事，实现了业绩突破。

5. 一个空间

集中资源，先在一个市场取得突破。脑白金最初在江阴市投放广告，第一个月就实现了盈利，随后逐步扩大到无锡、南京、常州、苏州等市场，采用单点破局的策略，逐个击破。我在做第一场发售的时候，也集中在一个空间，就是朋友圈。我让300多位朋友帮忙转发文章，获得了7000多的阅读量。

“五个一工程”适用于绝大部分个体创业者，我们可以在日常传播过程中不断完善和强化，引爆品牌传播势能。

本章精华

好故事、强背书、记忆点，环环相扣。从讲好故事为品牌赋能，到强化背书以扩大品牌影响力，再到创建一个令人难忘的品牌记忆点，每一个步骤都为品牌成功打下了坚实的基础。品牌不仅仅是一个标志或一个名字，是与受众之间的情感联系，是价值观和使命的象征。

我们可以套用好莱坞“英雄之旅”的5个步骤，写一个圈粉无数的个人品牌故事，强化外在形象、内在专业和势能背书，善用一些小工具，最后通过“五个一工程”强化传播。

无论品牌是什么，在哪个赛道，这3个步骤都可以帮助你更好地传播品牌，提升市场竞争力。

第 8 章

稳内核：

3个锦囊，助力成为内核稳健的魅力IP

要持续卖好产品，持续把创业这件事情做好，除了前面分享的所有方法，还有更重要的一点，即一个IP的内核。**什么样的IP有魅力，会有很多人愿意追随？答案是足够坚定。**

每个人都有两个选择，要么影响别人，要么被别人影响。那么，什么样的人可以影响别人，成为引领者？

无论遇到何种挑战，引领者都能保持镇定，坚守使命、愿景、价值观。许多优秀、成功的创业者都拥有一个共同特质——特别坚定。无论遇到多少困难，他们都能坚守方向，继续前进。这种坚定非常重要。

以《西游记》为例，孙悟空拥有最强的能力，但唐僧才是师父。唐僧之所以能担任这一角色，是因为他拥有坚定的梦想、愿景和使命——去西天取经。一个内在足够坚定的IP才能成为一个有魅力的IP，成为引领者。

在创业初期，没有资源，没有产品，没有资金，也没有创业经验，在这种情况下，我想要成为引领者，就一定要有坚定的信念。我不断对外分享创业思考，我想让C栈成为“轻创充电第一站”，我希望每个人在转型期，都能有一个地方歇歇脚、充充电。

慢慢地，我有了自己的定位，有了自己的产品，有了越来越清晰的可持续的变现路径。通过3年的实践，这条路越来越清晰，我也总结出了想要持续创业、持续卖好产品，成为一个内在坚定的魅力IP的3个核心步骤：

- 做自己：发现并塑造核心竞争力
- 提心力：一套成功模型，增强内在动力
- 稳内核：人生5件套，好习惯铸就美好人生

做自己：发现并塑造核心竞争力

如何成为有钱人？《纳瓦尔宝典》分享了两个重要步骤：做自己；把自己产品化。

纳瓦尔说："在成为自己这件事上，没有人能够比得过你。"那么，如何实现"做自己"？答案是学会"爱自己"。

以贾玲在电影《热辣滚烫》中饰演的乐莹为例。她是极度讨好型人格，讨好别人，却被所有人看不起。

闺蜜和男友背叛了她，还邀请她当伴娘；面对房产转

让的无理要求，乐莹尽管内心不愿意，但还是满足了妹妹的需求；由于体重问题，乐莹在工作中受到同事的嫌弃。

然而，当决定为自己赢一次后，她将所有注意力放到自己身上，认识到“一切还来得及，记得爱自己”。她停止追求他人的认可，转而倾听内心的声音，并在这个过程中不断突破自我，最终战胜了自己。

一个人如果能够战胜自己，内在的能量便会越来越强大，自信心也会随之增强。

在创业初期，我也曾向多位老师学习，认识了很多优秀的创业者，有时会不自觉地与他人比较，开始自我怀疑。随着时间的推移，我逐渐发现了自己的兴趣和优势，将精力集中在咨询上，在我更多地关注自身之后，我的咨询能力、解决问题的能力及商业思维都得到了广泛认可。

提升内在力量的第一步是找到优势，停止无谓的比较和自我攻击，欣赏并学习他人的优点，但不否定自己的长处。

提心力：一套成功模型，增强内在动力

不是每个人在一开始就能找到自己的优势，很多时候，优势是在不断尝试的过程中训练出来的。掌控感会让我们由内而外呈现出自信的状态。

掌控感的内在建立：一个模型

如何提高自己对人生的掌控感？我想跟大家分享一个模型：承诺—行动—改变—勇气。

当我们渴望实现某个目标或突破时，我们首先要向自己和外界做出承诺。随后，将承诺转化为行动，行动带来改变，最终，我们的勇气随之增长。

写这本书，我也经历了这样的过程。

我一直觉得自己不擅长写作，对我来说，写书很难，但在我决定写书的那一刻，我就承诺了要做这件事。承诺后，我一直没有行动。2023年6月，跟出版社签完协议，一直拖到10月，我觉得不能再拖下去了，于是又对外承诺：我要用10天时间完成第一版书稿，每天开直播，让大家监督我。我把一个目标承诺变成了可以落地执行的行动。这几天，我每天把自己按在直播间写8个小时，10天后，看到10万字的书稿时，我突然发现，写10万字好像也没那么难。

此时，我收获的不仅仅是10万字的书稿，更是对自己能力的认可。

掌控感的外在实践：关注影响圈

掌控感也可以从外在实践开始。疫情刚暴发那段时间，我非常焦虑，每晚睡不着觉，就在朋友圈刷各种有关疫情的消息，结果越刷越焦虑。

刚好在那段时间，我读到了《高效能人士的7个习惯》这本书。读到影响圈和关注圈时，我发现自己之所以那么焦虑，是因为我正在关注圈里，我在关注那些我无法改变的事。

要改变自己的状态，首先要将注意力转移到影响圈，安住在影响圈里是我们能改变的事。

比如，我无法改变疫情暴发，但我可以给医疗资源紧张的地区捐口罩和食物，这就是我的影响圈。如果我没有能力捐献物资，我就做力所能及的事，如调整自己的作息，整理自己的房间，开始读书。

我整理了衣柜，发现还有很多衣服可以穿。我整理了书柜，发现还有很多书可以读。受疫情影响，线下活动不能举办，收入也会受影响，但我的生活依旧。

所以，我做了一个决定，调整作息时间，早起、读书、运动。通过调整作息，我建立了内在的秩序感，通过外在的、物质的秩序感与时间的秩序感，慢慢建立起内心的秩序感。

创业几年，我感觉自己的心力越来越强。在这个过程中，我克服了一个又一个困难，做到了一件又一件原本认为自己不可能做到的事。对自己的认可度增加，掌控感就会越来越强，内在的心力也自然越来越强。

稳内核：人生5件套，好习惯铸就美好人生

2024年春节期间，我读到一本书——《认知觉醒》，作者周岭在一个章节专门讲道：早起冥想读写跑，人生5件套——成本最低的成长之路。我发现我和作者一样，这也是对我坚持了4年的早起日课的最好总结。

2020年，我动了创业的念头，开始早起。4年来，逐步养成了早起日课：日日精进、读书、运动、冥想。**坚持做这些事情，价值不在于做这些事情本身，而在于过程，在于每天早上做完这些事情，给自己注入的“内在力量”。**

早起，征服新的一天

此前，我一直认为熬夜和早起并无太大差别，夜晚的宁静同样适合工作与学习。然而，一切在我阅读《巨人的工具》时发生了转变，杰克·威林克（Jocko Willink）的故

事影响了我。

威林克拥有20年的海豹突击队服役经历，参与过伊拉克战争，并在退役后负责西海岸所有海豹突击队队员的训练。他与人合开的咨询公司，致力于将军队的领导力和管理经验传授给商界。2015年，他出版了《极端所有权：海豹突击队的领导方法与制胜策略》(*Extreme Ownership: How U.S. Navy Seals Lead and Win*)，该书一度荣登《纽约时报》畅销书排行榜榜首。

即便已经远离军旅生活，威林克依然保持着每天早上4:45起床的习惯，身体训练依然保持着特种部队的水准，甚至能连续完成76个俯卧撑。

当被问及为何坚持早起，他的回答简单而深刻：早起能让他获得一种在心理上战胜敌人的感觉。

这个故事深深激励了我，我也开始调整作息，坚持早起。在这里，分享一些养成早起习惯的心得：

第一，早起的核心秘诀在于早睡。

我们不能因为早起压缩睡眠时间，所以，想要做到早起，先要做到早睡。**习惯晚睡的人，可以拿出一段时**

间专门调整作息。睡不着就不要强迫自己，但第二天依然早起，用早起倒逼早睡。这个过程有点痛苦，但熬过去就好了。

第二，生物钟形成后不用闹钟。

在我看来，睡好觉这件事，比早起更重要。如果前一天因为什么事睡晚了或者没睡好，被刺耳的闹钟叫醒，会影响一天的状态。所以，我从来不用闹钟叫醒自己。

我会戴手环，因为手环有震动闹钟，震动闹钟会监测我的睡眠，如果我还处在深睡中，闹钟会自动推迟震动时间。被震动唤醒后，还可以再睡10分钟缓一下，手环会在10分钟后再震动一次。

所以，我的起床时间不完全固定，手环振动时间是4:50，我一般会在这个时间起床，但有时候会晚20～30分钟，一般不会晚于5:30。不用闹钟叫醒自己，每天都有一种“睡到自然醒”的幸福感。

第三，特殊情况下，不要强迫自己早起。

我一直觉得，坚持每天早起，虽然看起来很自律，但不科学，人难免有想偷懒或者身体状态没那么好的时候。

遇到特殊情况，我们可以适当放过自己，调整几天。我一般会在以下情况不早起：一是生理期。这几天，我会感觉特别累，特别需要睡眠。二是前一天因为一些特殊的原因熬夜了。三是春节回老家那几天（经常很早就会自然醒）。

日日精进，保持对生命的觉察

我的一天始于《早起的奇迹》中描述的“晨间日记”，我更愿意称它为“日日精进”。在洗漱、喝水、上厕所之后，我会花20分钟的时间，对我的昨天进行复盘。这个习惯，我已经坚持了4年多，已经成为我生活中不可或缺的一部分，就像吃饭和喝水一样重要。

日日精进的三大益处

反思与学习：对昨天的经历进行复盘和深入思考，从而吸取教训，促进个人成长。

目标明确：清晰地界定自己的目标，并围绕这些目标有条不紊地开展工作。

思绪整理：清空大脑，理顺思路，在快节奏的生活中找到一丝宁静。

内省的价值

在被日常琐事推动的现代生活中，我们鲜有机会停下脚步进行深入的自我反思。但自我反思这种静态的内省，是个人成长不可或缺的环节。每天抽出固定时间进行复盘和反省，是一种高效的个人成长策略，不仅能引领我们从过往经历中积累经验，还能指导我们未来的行动计划。

案例解读：我的日日精进

“日日精进”是一种整理日常思绪、清空大脑杂乱思绪的有效方法。面对众多待办事项，我通过“日日精进”提前进行系统化梳理，明确优先级，并合理分配时间和资源。当任务繁重时，“日日精进”帮助我识别哪些任务可以延后处理。

以下分享日日精进模板：

××××年××月××日　星期六　×××的日日精进 Day××××

第8章

稳内核：3个锦囊，助力成为内核稳健的魅力IP

一、工作板块

1. 昨日增长动作

在此记录昨日在工作中采取的旨在推动个人或团队发展的具体行动。

2. 增长成效

概述这些行动带来的具体成果或进步。

3. 增长经验

分析昨日行动中学到的经验和教训，包括成功的做法和需要改进的地方。

4. 今日增长目标

明确今日工作的具体目标，这些目标应与个人或团队的长期发展一致。

5. 今日增长动作

规划今日为达成上述增长目标所需采取的具体行动步骤。

二、个人板块

1. 家庭与生活

记录昨日家庭生活和日常事务的进展，包括家庭关系的维护和生活质量的提升，以及今日在这个板块的一些计划和迭代。

2. 学习与成长

反思昨日的学习活动，包括阅读、在线课程或其他知识增长的途径，以及今日的学习计划。

3. 健康管理

记录与健康相关的活动和习惯，如锻炼、饮食、睡眠等，以及今日打算做的事。

4. 感恩日志

对生活中的积极方面和遇到的人表示感谢，培养积极心态和感恩之心。

随着日日精进的积累，我逐渐构建了更加有序、目标驱动和深思熟虑的生活方式。这个习惯，不仅帮助我维持日常的思路清晰和专注，也是我实现长期目标和梦想的关键。日日精进不仅是自我反思的工具，也是我与自己对话的载体，确保我每天都在正确的轨道上前进。通过每日复盘，我学会了更好地欣赏生活中的每一个小步骤和小成就。**无论多小的行动，都是向前迈进的一部分，都值得被记录。**

读书，读一堆书不如读好一本经典书

在信息爆炸的时代，阅读成为获取知识、拓宽视野的重要途径。面对琳琅满目的书籍，如何选择合适的阅读方式，成了值得深思的问题。

对我来说，阅读不仅仅是量的积累，更重要的是质的深入。我不追求阅读数量，不会设定每年读一百本书的严苛目标。我更倾向于深度阅读，即选择经典之作，投入时间读透。

我相信，读一本好书的价值远高于浏览多本书带来的收获。以《论语》为例，我已经坚持研读了两年。《论语》不仅是一部哲学经典，更是一部生活的智慧宝典。在这两年的阅读过程中，我逐渐领悟到孔子的思想精髓，并尝试将这些智慧应用到日常生活和工作中。随着对《论语》理解的加深，我的思维方式和行为模式也在悄然发生变化。

这几年，我还深度阅读了稻盛和夫、曾国藩的著作。《活法》对我的影响和帮助很大，在这本书中，作者以深入浅出的管理哲学和人生智慧，给出了如何在复杂的商业环境中保持原则和创新的深刻见解。曾国藩则以严谨的治学态度和深邃的人生哲学，教会了我在逆境中坚持和成长的重要性。

深度阅读让我认识到，书籍不是用来简单浏览的，而是用来深入思考和实践的，需要投入时间和精力，反复阅读、思考和实践。通过深度阅读，我们不仅能够获得知识，更能够提升自己的思维能力和生活智慧。

因此，我鼓励大家选择适合自己的阅读方式，不必盲目追求数量，要注重阅读质量。**要找到那些能够给你带来触动、启发的书，深入阅读，让书中的智慧成为生命中的一部分。**

运动，助力身心健康

“生命在于运动”，运动是维持健康和活力的基石。规律的体育活动是保持身心健康，提升生活质量的有效途径。

但是，在日常生活中，我们常常因为忙碌忽视了对身体的关注，在每天早上的日课中，我还有一项非常重要的安排，那就是运动。

1. 运动的科学

科学研究表明，运动能够显著提升大脑功能和情绪状态。《运动改造大脑》一书中提到，运动可以激发大脑的潜能，增强记忆力和认知能力。通过运动，我们不仅锻炼了身体，也激活了大脑，从而在日常生活中表现得更为出色。

2. 微习惯的力量

我坚持每天早上运动 15 分钟，这种短时高效的运动，实际上是一种“微习惯”。**微习惯即通过执行小而易于管理的行为，逐渐形成长期的积极习惯。**每天运动 15 分钟，不需要投入大量的时间，却足以启动一天的活力，为身体和大脑带来益处。

古希腊哲学家亚里士多德曾说：“运动太多和太少，同样损伤体力；饮食过多与过少，同样损害健康；唯有适度可以产生、增进、保持体力和健康。”

在众多运动项目中，我特别推荐开合跳。这项运动简单易执行，无需特殊器械或场地，且极具效率。短短15分钟，就足以让人微微出汗，感受到运动带来的畅快。

运动的好处不止体现在身体层面，还能释放压力，提高情绪，增强认知功能，甚至能够提升我们的社交能力。每一次运动，都是一次身心的充电，让我们在面对日常挑战时更加从容。

开始并坚持运动并非易事。我们常常听到诸如“没有时间”或“缺乏动力”的借口，要克服这些障碍，关键在于设定可实现的目标，并找到适合自己的运动方式。例如，选择一项喜欢的运动，将其纳入日常计划。

将运动融入日常生活，关键在于创造性和灵活性。例如，可以利用工作间隙进行拉伸或散步，或在家庭时间中引入一些互动性强的体育活动。

希望大家都能找到适合自己的运动方式，并持之以恒，让运动成为生活的一部分。

冥想，训练大脑中的7个“小球”

创业这几年，随着不断学习，也知道了冥想的好处。

很多优秀的企业家，都将冥想作为日常生活的一部分。

乔布斯：苹果公司的创始人之一，将冥想作为创新和决策的工具。

科比·布莱恩特：篮球运动员，在比赛中，冥想帮助他保持冷静和集中。

埃隆·马斯克：特斯拉和SpaceX的创始人，即使在忙碌的日程中，他也会抽出时间进行冥想。他认为，冥想有助于提高解决问题的能力和创新思维。

瑞·达里欧：对冲基金桥水（Bridgewater Associates）的创始人，他将冥想视为提高决策质量和领导力的重要工具。

1. 冥想与大脑的7个“小球”

在《认知觉醒》一书中，作者提出了一个引人入胜的概念：“脑袋里的7个小球。”这些“小球”代表了我们的注意力单元，不断地在各种思绪和任务之间跳跃。冥想就是对这些“小球”进行训练，让它们能够更加专注、有序地工作。

想象一下，当我们的大脑像一个杂乱无章的弹球机，思绪四处弹射难以控制时，如何清晰地思考和决策？**冥想就是大脑的“健身房”，通过定期练习，可以增强那些“小球”的控制力，让它们更加稳定和集中。**

2. 冥想的好处

提高专注力：训练大脑的“小球”更长时间地停留在一个点，从而提高专注力。

强化情绪管理：学会观察自己的情绪，而不是被情绪左右，从而提高情绪管理能力。

提升自我意识：我们能够更好地理解自己的内心世界，提高自我意识。

减少压力：冥想已被证明可以减少压力和焦虑，为我们的身心带来平静。

促进清晰思考：冥想可以帮助我们清理杂念，为思考和解决问题提供空间。

通过冥想，我们不仅能够训练大脑的7个“小球”，还能够在忙碌的生活中找到一片宁静之地。

坚持每天早上冥想10分钟，这个习惯已经成为我日常生活的一部分。在短短的10分钟里，我闭上眼睛，调整呼吸，让思绪逐渐平静下来，一天的喧嚣和压力都被暂时搁置一旁。冥想让我以更加平和的心态，迎接新一天的挑战。

在夜晚难以入睡时，我会借助颂钵的声音进行冥想。颂钵深沉而悠长的回响，似乎有一种神奇的力量，能够引导我进入深度放松的状态。在颂钵的伴奏下，我的呼吸逐渐变得平缓，大脑中的杂念慢慢消散，身体和心灵都得到了充分休息。通过这种方式，我能够更快地进入梦乡。

3. 冥想的实践建议

定时冥想：选择固定的时间进行冥想，如早晨起床后或晚上睡前，有助于形成习惯。

专注呼吸：将注意力集中在呼吸上，感受每一次吸气和呼气，有助于引导思绪回到当下。

接受并放下：在冥想过程中，如果发现思绪开始游离，承认，然后重新将注意力拉回呼吸上。

创造环境：创造一个安静、舒适的冥想环境，减少外界干扰。

使用辅助工具：如果觉得难以静心，可以尝试使用冥想音乐、颂钵或冥想应用软件，帮助自己进入状态。

冥想不仅是对脑袋里的7个“小球”的训练，更是通往深层次自我认知的桥梁，帮助我们在繁忙的生活中找到片刻的宁静，以更加平和的心态，迎接每一个清晨和夜晚。**如果你还没有养成冥想的习惯，可以从每天5分钟静坐开始。**

从2020年开始，我一直坚持早起、运动、写日日精进、读书、冥想。这些习惯并非一蹴而就，需要日复一日、年复一年地坚持与实践，逐渐内化为生活的一部分。

本章精华

在快节奏时代，构建一个稳健的内在核心，不仅是成为魅力IP的关键，也是实现美好生活的关键。

本章向大家分享了修炼自己内核的方法，个体轻创业，不仅是一门创富的生意，更是一种生活方式。首先，我们要做自己；其次，要用“承诺–行动–改变–勇气”模型建立内在掌控感，只关注影响圈内的事；最后，推荐以“早、读、写、跳、冥”5个落地方式提升内核。

期待每位个体创业者都能活出笃定、理想、成人达己的状态，内心安定，外在绽放。